广东省博物馆藏品大系

陶瓷卷 【三】 广东陶瓷

广东省博物馆 编

文物出版社

图书在版编目（ＣＩＰ）数据

广东省博物馆藏品大系. 陶瓷卷. 二, 广东陶瓷 /
广东省博物馆编. -- 北京 : 文物出版社, 2024. 11.
ISBN 978-7-5010-8553-8

Ⅰ. G269.276.5-64;K876.32-64

中国国家版本馆CIP数据核字第2024R7N224号

广东省博物馆藏品大系 陶瓷卷（二）广东陶瓷

编　　者：广东省博物馆

责任编辑：谷　雨　李　飏
责任印制：王　芳
责任校对：陈　婧
装帧设计：雅昌设计中心・北京

出版发行：文物出版社
地　　址：北京市东城区东直门内北小街2号楼
邮　　编：100007
网　　址：http://www.wenwu.com
邮　　箱：wenwu1957@126.com
印　　刷：北京雅昌艺术印刷有限公司
经　　销：新华书店
开　　本：965mm×1270mm　1/16
印　　张：22.75
版　　次：2024年11月第1版
印　　次：2024年11月第1次印刷
书　　号：ISBN 978-7-5010-8553-8
定　　价：498.00元

目录

广东背依五岭，面临南海，地理位置优越，历史悠久。广东是岭南文化中心地，"海上丝绸之路"发祥地，中国近现代民主革命策源地，改革开放前沿地。郁南磨刀山遗址与南江旧石器地点群的发现表明，60万至80万年前，岭南先民便繁衍生息于这片土地。千百年来，海洋和大陆两种资源模式和文明基因的多元交流与互动，留给广东丰富的文化遗产和自然资源，为广东省博物馆事业的发展奠定了坚实的基础。

广东省博物馆是首批国家一级博物馆和区域文物保护中心，于1957年开始筹备，1959年10月1日正式对外开放。旧馆位于广州市文明路6号（今215号），曾是清代广东贡院，后为国民党"一大"旧址和红楼、中山大学天文台所在地。2010年，广东省博物馆新馆在广州珠江新城落成开放，建筑创意为"绿色飘带上盛满珍宝的容器"，宛如熠熠生辉的"月光宝盒"。广东省博物馆总建筑面积约7.7万平方米，每年接待观众超过200万人次，是世界各地观众品味岭南文化，领略中华文明的重要窗口。

2019年，是广东省博物馆建馆60周年。风雨一甲子，辉煌六十载，几代博物馆人扎实工作，广征博纳，通过调查发掘、有关部门调拨移交、上级拨款征购等多种渠道，提升博物馆藏品的数量和质量。此外，我馆还得到各界人士的慷慨捐赠，如国内外著名收藏家商承祚、蔡语邨、吴南生、简又文、梁奕嵩、艾地文等捐出大批品质极高的珍品，品类涵括书画、瓷器、丝织品、墨砚、钱币、珐琅等。截至2024年11月底，广东省博物馆藏品总数逾25.3万件／套。其中，端砚、潮州木雕、外销艺术品、出水文物、自然资源系列藏品是馆藏优势和特色。特别是馆藏古代陶瓷和古代字画两类传世文物的数量和质量在中国博物馆中名列前茅，陶瓷藏品几乎包括历代各名窑产品，书画中省内外著名书画家的代表作多有珍藏。

为了全面展现馆藏面貌，努力打造"学术粤博"，积极服务公众、回馈社会，我们对馆藏文物进行了全面梳理，从中撷取精华编撰《广东省博物馆藏品大系》。《藏品大系》具有以下三个特点：一、涵盖范围全面，品类齐全。二、如实反映了我馆藏品的面貌及实力，如书画、陶瓷等文物是我馆收藏的大类，各有两卷；杂项文物数量不均衡，故按照文物质地和数量分布，分为两卷。三、突显特色藏品，如出水文物是我馆近年来文物入藏的重点和亮点；广东本地窑口陶瓷器被专门收录；砚台、木雕等以广东产地为主，展现广东工艺，反映区域特色。

最后，向多年来关心和支持广东省博物馆事业发展的各级领导、兄弟单位，慷慨捐赠的社会各界人士，为广东省博物馆事业发展而努力耕耘的所有同事，以及为《藏品大系》编撰工作付出辛勤劳动的专家和同事们表示深深的谢忱！

广东省博物馆馆长　肖海明博士

广东地处岭南，以丘陵地貌为主，处热带亚热带气候圈，雨量充足，草木茂密繁盛，水资源丰富，极利于陶瓷的制作生产。

广东制陶业有着悠久的历史，最早可追溯至七八千年前的新石器时代。在以粤东饶平县为中心的商末西周广东浮滨类型文化墓葬中，就出土了数十件原始青瓷器。其器形主要为大口尊，高度为 20 多至 30 多厘米不等。器表施青黄色釉，胎质灰白、坚致。釉下印有平行细密的长条纹、方格纹或细绳纹[1]。先秦时期广东流行的几何印纹陶，至东汉时逐步消失，取而代之的是与岭北相同的器形。秦汉时期广东制陶的产量明显增多，除了日用器和大量的明器外，砖瓦等建筑材料也大量生产。

广东优越的自然条件和悠久的制陶传统，为青瓷的出现奠定了良好的基础。

六朝至唐代，广东地区主要生产青釉瓷器。

从目前最早的考古实物资料来看，广东青瓷起源于西晋。根据墓葬出土的材料，从西晋至南朝时期，广东青瓷正处于起始和初步发展的阶段。综观已发掘的晋墓，青瓷器往往是与比其数量更多的陶器一起随葬的，个别墓葬中仍零星出现圜底器、几何印纹陶器等带有显著先秦特色的器物，同时也有一些带有汉代风格的釉陶盖罐，显现出历史的过渡性。

广东六朝青瓷的分布，覆盖了现今全省的范围。从粤北的韶关市（包括始兴县、曲江区等地）、清远市（英德市、连州市等地），到粤东的梅州市、揭阳市、潮阳区，至粤西的高要区、四会市、德庆县、阳江市、遂溪县、化州市，以及珠江三角洲如广州市等地，青瓷均有出土，有数百件。经测定，广东出土的晋代青瓷火候在 1200~1300℃，达到了瓷器的标准。胎色以灰白为主，有的偏黄，胎质较细腻，可见胎土是经过筛选的，但胎质不够坚实。器物施青釉，普遍青中闪黄，聚釉处呈艾青色，有细小开片。釉色莹润，玻璃质感强，透明，属草木灰和石灰石混烧的石灰釉。常见器类有罐（多见四系和六系）、洗、钵、砚、盂、碗、杯、虎形器、羊形器、鸡首壶等，其中罐、碗、杯的数量最多。晋代器物的釉层较薄，剥釉、流釉和聚釉现象较严重。南朝器物的釉层相对较厚，有 1 毫米左右，并且均匀，虽还有剥釉现象，但胎釉结合相对较好，甚至有个别精品的釉层不见开片。南朝的盘、碗等器物有的开始出现刻划花纹，主要是莲瓣纹、双鱼纹等。盘多平底，一般在底心刻一个直径 3~4 厘米的线圈表示足部，也有少量是饼形足，底不上釉。碗、杯均为饼形足，有的在饼足内刻一线圈，底足有的无釉，有的随意地轻轻刷一层稀薄釉，但多有剥落。砚基本为三蹄足，器身为浅腹盘状，口沿处有一道浅凹槽。

唐代是我国陶瓷业兴旺发展的时期。广东唐代重要的窑址主要有广州曾边窑、潮州北关窑、梅县水车窑、高明大岗山窑、遂溪马城长坎山窑（属雷州窑）、新会官冲窑等，均生产青釉瓷器。

---

1 徐恒彬：《广东青铜器时代概论》，广东省博物馆、香港中文大学文物馆主编《广东出土先秦文物》，1984 年，第 45~57 页。

广州曾边窑在广州市番禺区新造镇。2018 年 4 月，广州市文物考古研究院的专业队伍对曾边窑进行了发掘。这是广州迄今为止发现最早的瓷窑遗址，也是目前考古发现的唯一一座唐代窑址。窑体受后期破坏严重，具体结构不明。窑址内出土了大量的民间日用陶瓷器，在一定程度上填补了广东陶瓷发展史上的空白。其陶瓷器类、造型与新会官冲窑极为相似，且可能与"黑石号"沉船出水外销瓷等有密切关系，对研究广州乃至环珠江口地区唐代陶瓷产业及其外销具有重要价值[2]。

潮州北关窑窑址位于潮安区，在城区西北面距潮州西湖 500 多米处，也称窑上埠窑，与距此不远的北堤头窑址以及潮州古城南郊的洪厝埠窑址第四层、竹园墩窑址第三层一样，同为唐代古窑址，产品皆为青瓷。出土物有碗、碟、壶、罐、盆等物，胎体较厚重，外壁一般施半截釉，平底，满釉器极少，与广东唐代器物主要特征相符。窑上埠、北堤头窑均清晰可见为馒头窑，其他窑址窑炉结构因地层叠压打破而不明晰[3]。

1978—1981 年对梅县水车窑窑址进行了调查，窑址有瓦坑口和罗屋坑两处，窑址地处梅江边，山上有充足的燃料和原料。窑室已毁，从残迹看应是馒头窑。遗址内堆积丰厚，采集的标本有碗、盘、杯、罐、壶等。器物的胎体厚重，胎呈灰色和灰白色，胎土经过淘练，较细腻。釉色青翠或青黄色，釉面玻璃质感强，有开片[4]。梅县畲江和瑶上唐墓出土的青瓷与该窑址出土的标本相一致，证明为该窑所产。

高明大岗山窑址在佛山市高明区灵龟塔附近的大岗山麓，有两处窑址，属龙窑，于 1957 年文物普查时发现。1986 年发掘清理了第 1 号窑址，窑的前后段因修路和挖土已遭破坏，窑顶塌落，残存的窑长 9.55 米，前宽 2.64 米，后宽 2.8 米，依山势倾斜 25°。窑床上可见经高温形成的一个个圆窝，窝内残存当年的瓷碗近百只，在窑床 20 米外的土层下，废弃堆积近千件瓷碗、碟、盘、缸、四系罐、六系罐、釜、三足器、耳杯、砚等。瓷器以施青釉为主，部分施酱釉，碗、碟底内多留有垫泥和垫烧物，足部造型以饼足或假圈足为多见，外壁多施半釉。目前的 1 号窑址照原状用沙土覆盖保存。1987 年又发掘清理了第 2 号窑址，该窑长、宽、倾斜度及出土瓷器，均与 1 号窑相似，但比 1 号窑完整，保留长方形火膛和窑门最下层两组砖砌通风口。1988 年在第 2 号窑址上修建了一座 288 平方米的陈列馆，供人参观。两座唐代龙窑，其结构与宋代龙窑大致相同，但没有宋代龙窑先进，窑床倾斜度也不及宋代龙窑的 18°~22° 合理。高明发掘的唐窑址，在广东省内尚属首次，为研究窑炉形式从唐代向宋代的过渡、探讨广东陶瓷的发展史，提供了可靠的实物资料[5]。

新会官冲窑位于江门市新会区古井镇官冲村瓦片岩（碗碟埔）与碗山两地，年代为唐代中晚期，

2　陈馨、方涛：《广州唐代曾边窑出土陶瓷遗物的科技检测分析》，《文博学刊》2023 年第 3 期。

3　蔡奕芝：《唐宋潮州窑瓷器的艺术特色》，黄挺等主编《南国瓷珍——潮州窑学术研讨会论文集》，香港中文大学文物馆，2012 年，第 157~163 页。

4　广东省博物馆：《广东梅县古墓葬和古窑址调查、发掘简报》，《考古》1987 年第 3 期。

5　广东省博物馆、高明县文物普查办公室：《广东高明唐代窑址发掘简报》，《考古》1993 年第 9 期。

1957 年发现，1961 及 1997 年发掘。在碗山清理馒头窑多座，窑室有大有小，底部或平或斜，其结构由窑门、火膛、窑床、烟道四部分组成，窑顶已塌毁。有的窑壁是耐火土构筑，有的窑壁用砖砌，两种窑有打破关系，证明前者早于后者。瓦片岩多见废弃品堆积，厚达 1.5 米，产品均为青釉瓷器，属南方青瓷系统，多是日用器皿。两地窑址堆积出土者多为被废弃的残次品，火候多在 1100°C 以内，用泥块垫烧。器身多施半釉，釉层厚，易脱落。器类有釜、碗、碟、盏、豆、罐、盂、盆、钵、杯、壶、勺、砚以及人物塑像等，数量之多，为广东唐窑之最，其中以碗、碟类最多。碗基本也是外壁施半釉，饼形足或假圈足；部分罐子的器身有陶工的姓氏印记；其他还有陶网坠等；耳杯、高足杯、高足碗等器物造型别致，体现了异域风格。窑址地处崖门水道，产品方便外销[6]。

广东使用龙窑的历史相当早，在博罗园洲梅花墩和增城西瓜岭分别发现了属于春秋和战国时期的、目前广东最早的龙窑遗址[7]。但在唐中期以前，广东仍是龙窑与馒头窑并用。唐中期以后基本改良为龙窑，并广泛使用匣钵。此时已能生产出较高质量的青瓷，且行业出现了外向型的趋势，产品大量出口东南亚、印度洋和波斯湾诸国。

宋代是中国制瓷业迅猛发展的时期，工艺和技术日趋成熟。北宋瓷器在产量、质量和制作水平上，都比前代大有提高。北宋时期广东的陶瓷业亦大有发展，普遍使用龙窑，采用匣钵装烧技术，形成了以广州为中心，东至潮州、梅州，西至肇庆、雷州半岛，北至韶关，南至惠州等地的生产网。主要分布为粤东：潮州笔架山窑，惠州东平窑、窑头山窑、博罗窑；粤中：广州西村窑，南海奇石窑、文头岭窑；粤西：封开都苗窑，郁南南江口窑，雷州窑。南宋至元代，由于政治重心转移、河道淤塞等原因，广州港口衰落，以外销为主的广东制瓷业陷入了萧条的局面，发展相对缓慢。此时最有代表性的瓷窑及品种是雷州窑的青釉釉下褐彩彩绘瓷器。以下简述宋元时期广东的主要窑口及产品：

潮州笔架山窑。位于潮州市东郊笔架山，韩江的东岸，故又称水东窑。创烧于唐代，晚唐、五代时一度萧条，北宋时期极盛。由于战乱和外销受阻等原因，北宋末期由盛转衰，缓慢发展延续至元代。经 1953—1986 年多次调查和发掘，清理出北宋窑址 10 余座，均属龙窑。其中一、二、三、六、十号窑为分室龙窑，窑室内部用砖砌筑隔墙；四号窑为阶级窑；五、七、八、九号窑为单室龙窑。各窑均以土夯筑窑底，最长的一座为十号窑，残长 79.5 米。产品以白瓷为主。各处窑址出土的瓷器器类有碗、盏、盆、钵、盘、碟、杯、灯、炉、瓶、壶、罐、盂、粉盒、人像、动物玩具等，釉色有白、影青、青、黄、酱褐等多种[8]。笔架山南北各处窑场众多，在西临韩江的山坡遍布瓷片和匣钵碎片，当地村民将这

6　广东省文物管理委员会、广东师范学院历史系：《广东新会官冲古代窑址》，《考古》1963 年第 4 期；广东省文物考古研究所、新会市博物馆：《广东新会官冲古窑址》，《文物》2000 年第 6 期。

7　广东省文物管理委员会、中央美术学院美术史美术理论系：《广东增城、始兴的战国遗址》，《考古》1964 年第 3 期；方志钦等主编《广东通史》（古代上册），广州：广东高等教育出版社，1996 年，第 129 页。

8　广东省博物馆编著《潮州笔架山宋代窑址发掘报告》，北京：文物出版社，1981 年。

一带村落称为"百窑村"。该窑产量相当大，其产品不仅大量内销，精美之器亦大量出口至东南亚等地。

西村窑。位于广州市西村增埗河东岸岗地上，发现于 1952 年，属北宋时期。皇帝岗是西村窑场的主要遗存，堆积高约 7 米。清理出一座龙窑，残长 36.8 米，拱顶已毁，窑身中部最宽处 4 米，坡度13°。该窑烧制的产品分粗瓷和精瓷两类，以前者为主。釉色以青釉为多，黑酱釉次之，还有青白瓷（影青）和少量低温铅绿釉。器类有碗、盏、碟、盆、执壶、凤头壶、军持、罐、盒、唾壶、注子、净瓶、灯、熏炉、烛台、枕、雀食、碾轮、漏斗、塤，以及狗、马等陶塑。纹饰有刻花、划花、印花、褐彩彩绘、点彩和镂空等[9]。西村窑时间跨度有 150 年左右，其盛衰正好与广州港同步。

南海奇石窑和文头岭"官窑"。两座窑均属宋代。奇石窑位于佛山市南海区小塘镇奇石村一带的多个山岗，此前对窑址做了多次调查，因未发掘，故窑炉结构不明。据调查，器类主要有罐、盆、碟、杯、壶、瓶、盏等。釉色以青釉和酱黄釉为主，还有少量窑变釉。纹饰有印花、刻划和彩绘，彩绘为褐彩，纹样以菊花、卷草纹最多，其他还有人物、兰草、水草等。文头岭窑址在南海区里水镇，该窑主要生产青釉釉下褐彩彩绘瓷，亦有少量的刻花、印花瓷。釉色以青釉为主，还有酱釉及黑釉。品种和器类有玩具、葬具及盆、罐、盘、瓶、壶、军持等[10]。2021 年 9 月，广东省文物考古研究院连同佛山市博物馆、佛山祖庙博物馆和南海博物馆，组成考古队对南海区奇石窑和文头岭窑开展区域性考古调查。其间发现三处因修路或民房建设等破坏暴露遗迹的遗址点，考古队迅速开展抢救性考古发掘，至 2021年 12 月调查发掘基本结束。通过抢救性发掘，考古队清理了两座龙窑和一处作坊遗址，基本掌握了南海区南宋时期两处窑址的窑炉结构，采集了一批明确层位的器物标本，为南海地区窑业生产研究提供了重要的实物资料，帮助我们重新认识了被认为已式微的南宋广东窑业生产面貌。从调查采集遗物来看，奇石窑和文头岭窑两者时代应该相当，都大致盛烧于两宋。奇石窑清理的龙窑生产的应该也是南宋时期盆罐类器物，文头岭窑清理的龙窑生产的是南宋时期的大罐和魂坛等。前者以盆罐类为主，个体厚重，釉色青绿和酱色为多；后者器类较为丰富，盆罐类也多，但盆类个体轻薄，大小形状丰富，以酱釉器为主，青釉次之。两者都生产"南海Ⅰ号"出水的同类酱釉大罐，且奇石窑的罐肩有刻印字款和印花纹年号吉语，文头岭窑则多见姓氏、宅号及"酒香"等字款。此类酱釉大罐特征明显，与福建地区磁灶窑等窑口同类大罐容易区分，广泛发现于中国南海海域到东南亚海域沉船船货中，以及中国香港、广州及新加坡等古代海上丝绸之路上的贸易港口遗址中。两窑址兼烧内销外贸产品，质量都较粗糙，内销器类包括生活用品和魂坛等随葬品，瓦片、瓦当、滴水等建筑用材在珠江三角洲等地区多有出土；外销器类有各式大小盆、罐、执壶、军持等，销售目的地为东南亚及印度洋沿岸国家，因此，南海两

9 广州市文物管理委员会、香港中文大学文物馆编《广州西村窑》，香港中文大学中国文化研究所中国考古艺术研究中心，1987 年。

10 曾广亿：《广东唐宋陶瓷工艺特点》，广东省博物馆等编《广东唐宋窑址出土陶瓷》，香港大学冯平山博物馆，1985 年，第 38~39 页。

窑址的外销性质也非常明确[11]。

惠州东平窑。位于惠州市东平窑头山，北临东江，西南为西枝江，年代为北宋，堆积物厚达 5 米多。清理出龙窑一座，为斜坡阶级窑，残长 4.69 米，宽 2.76~3.16 米，残高 1.6 米，窑室用双隅砖平放顺砌，窑底用黄褐色沙土夯打。遗物有窑具和瓷器，窑具及制瓷用具有匣钵、垫饼、垫环、试片、擂钵、坎臼和杆、铜片等；器类有碗、碟、盏、杯、盅、罐、壶、瓶、炉、器盖、枕，以及小狗等动物瓷塑。釉色以青釉为主，还有酱褐釉、酱黑釉、青白釉及少量白釉。纹饰有印花、刻划花、镂空、雕塑等[12]。

封开都苗窑。位于肇庆市封开县长岗镇都苗周家村一带，年代为北宋。其窑址范围较大，各处窑址相距数百米，堆积厚 3~4 米，沿江的低矮山岗上多见破碎的窑具和瓷片，但窑室未做清理。烧制的瓷器以碗为主，其他的有盘、碟、盏、杯、炉、罐、瓶、钵、壶等。釉色以青釉为主，有深有浅，深者为青绿色，浅者为粉青色，釉面光滑，有开片。施釉大多不到底，烧造火候较高。总的来说，其器物风格与广州西村窑和潮州笔架山窑都较接近[13]。

梅州瑶上窑。属南宋时期，装饰工艺仅见印花一种，纹饰有凤纹、菊花纹、双鱼水草纹及其他花卉纹等，釉色有青釉和青白釉。凤纹装饰的瓷器，在广东宋元窑址中目前仅见瑶上窑有烧制，而相类似的纹饰亦见于宋代定窑、景德镇窑和吉州窑等窑口的产品上[14]。

雷州窑。主要分布在雷州市和遂溪县，是雷州半岛唐至清代窑址群的总称。但许多学者往往以雷州窑专指其最为兴盛的宋元时期。目前已在雷州半岛发现宋元时期的窑址 200 余座，其中雷州市纪家镇、杨家镇和遂溪县杨柑镇是窑址的主要分布区，其年代为南宋至元。宋元时期的雷州窑普遍采用匣钵装烧技术，大小套叠，既充分利用了窑室空间以提高产量，又提高了瓷胎的烧结度、胎釉的结合度和釉的色泽，使瓷器的质量较唐代有了较大提高。生产的器类有碗、盘、碟、炉、杯、钵、壶、瓶、罐、枕等，胎色灰白，釉色以青釉为主，少量为酱褐釉和酱黑釉。其中最有特色的品种，当属青釉釉下褐彩彩绘瓷器，从单纯的器物口沿点彩，向复杂的绘画发展，显示出明显的工艺和艺术水平进步的过程。装饰特点是釉下赭褐色彩绘人物、花卉、卷草、弦纹、文字、动物图形等，工艺受到磁州窑及吉州窑的影响，此外有少量模印花鸟纹样[15]。

明清时期广东生产的陶瓷，有惠州窑的仿龙泉青瓷、青花瓷，潮州大埔余里窑的青瓷，饶平九村窑的青花瓷，潮州枫溪窑的米白釉瓷、青花瓷和彩瓷等。而最具地方特色、影响最大的，是名扬海内

11　广东省文物考古研究院等：《佛山市南海区窑址考古工作取得重大成果——明确"南海Ⅰ号"沉船部分陶瓷器的广东产地》，《中国文物报》2022 年 7 月 1 日。

12　惠阳地区文化局、惠州市文化局、广东省博物馆：《广东惠州北宋窑址清理简报》，《文物》1977 年第 8 期。

13　何纪生、赵金顺：《广东封开县都苗宋代窑址调查》，《文物》1975 年第 7 期。

14　曾广亿：《广东唐宋陶瓷工艺特点》，广东省博物馆等编《广东唐宋窑址出土陶瓷》，香港大学冯平山博物馆，1985 年，第 32~43 页。

15　详见湛江市博物馆等《雷州窑瓷器》，广州：岭南美术出版社，2003 年。

外的著名品种——石湾陶和广彩瓷，这两个品种的出现，改变了广东古代陶瓷外销自唐宋以来以模仿为主的局面。

惠州窑主要生产仿龙泉青瓷，窑址主要有白马山窑和新庵镇窑。1955 年和 1960 年两次对白马山窑址进行了调查，该窑址位于白马山低矮、平缓的支脉山坡上，当时没有进行发掘，经调查和采集标本的主要有窑下、上塘、匣斗墩三处。遗址中出土物相当丰富，有匣钵、圆柱形垫烧座、青釉瓷和白瓷等。其中青釉瓷占了 70% 以上，釉色大多润泽青亮，有少部分泛灰、泛黄，有的有开片[16]。新庵镇窑址发掘于 1960 年，位于今惠东县东部，东距白马山 5 千米。窑址四周的小山谷土层里蕴含着丰富的白瓷土和石英砂。已发掘的四个地点分别是虾公塘山、烂麻坑山、埔顶山、三官肚山（又称三官坑）。新庵镇窑与白马山窑出土的青釉瓷器无论釉色、胎质、形制，还是所使用的匣钵，都基本一致，只是碗、盘内心印的文字略有差异[17]。2020—2023 年，广东省文物考古研究院联合惠州博物馆，对白马山窑址进行了发掘，目前已清理出分室龙窑 5 座，填补了广东地区明代分室龙窑研究的空白。出土大量的青瓷标本，尤以青瓷盘、碗为多，纹饰主要有刻划的菊瓣纹、莲瓣纹、水波纹、如意纹、麒麟过海纹等；器物内底多印有"福""清""溪""公正""正""禄""寿""通"等款识。由此进一步证实了白马窑的产品为仿龙泉窑青瓷器，主要采用分室龙窑进行烧制。白马山窑是广东明代最为重要的仿龙泉青瓷窑场，创烧年代为明代早期，明代中晚期达到兴盛[18]。目前发掘工作仍在继续。

潮州大埔（大埔县现属梅州市）余里窑的仿龙泉青瓷釉色青翠莹润，达到了较高的水平。饶平九村窑的青花瓷纹饰流畅。

此外，潮州枫溪窑的米白釉瓷、彩瓷等多有传世，极具艺术特色[19]。晚清至民国时期，潮州枫溪窑瓷器在大量外销至东南亚等地的同时，亦有不少潮州工匠到印度尼西亚、马来西亚、新加坡、泰国等东南亚国家设厂进行陶瓷生产活动。

明清时期广东佛山的石湾陶器，包括器皿类（花瓶、花盆、缸、花几等）和陶塑类（人物、动物、花鸟鱼虫、山公盆景、建筑构件等）等。佛山地区烧陶的历史非常悠久，目前已出土了不少新石器时代晚期的陶器标本（河宕遗址）。已发现最早的窑址是唐宋时期的大帽岗窑址。明代中期至清代，石湾陶逐步形成了仿钧窑变釉的艺术特色，其器皿类产品中的陈设用器如瓶、炉等多作仿古造型；人物和动物类陶塑产品栩栩如生，被人们亲切地称为"石湾公仔"；建筑构件中的瓦脊是清代的主流产品。此时石湾的陶瓷产业迅速发展，成为当地主要的经济支柱，并大量出口。"石湾六七千户，业陶者十

16 曾广亿：《广东惠阳白马山古瓷窑调查记》，《考古》1962 年第 8 期。

17 广东省文物管理委员会、华南师范学院：《广东惠阳新庵三村古瓷窑发掘简报》，《考古》1964 年第 4 期。

18 广东省文物考古研究院等：《惠东白马窑：第三次发掘圆满成功，广东现阶段发现的最大古窑群》，《羊城晚报》2023 年 2 月 27 日。

19 详见广东省博物馆编《南国瓷珍——潮州窑瓷器精萃》，广州：岭南美术出版社，2011 年，第 81~91 页。

居五六。"[20] "缸瓦窑，石湾为盛，年中贸易过百万，为工业一大宗。"[21] "石湾之陶遍二广，旁及海外之国。谚曰：'石湾缸瓦，胜于天下。'"[22] "在明清时期广州口岸的陶瓷贸易中，石湾陶瓷出口仅次于江西景德镇而居全国的第二位。"[23] 其出口的地区主要在粤籍华侨较多的东南亚等地。清末至民国早期，由于受到社会变革及外来文化与产品的冲击，石湾陶业生产受到一定影响，窑工们积极改革与创新以适应新的发展需求。此时除瓦脊等建筑陶瓷大量外销东南亚等地外，亦有部分窑工到越南等地建窑生产石湾陶产品[24]。民国时期由于战乱的重创，石湾陶业日渐式微。中华人民共和国成立后，20世纪50年代初期，在人民政府的大力扶持下，石湾陶的生产得以恢复并迅速兴盛起来。至今，石湾陶在继承传统的同时亦不断创新，迎来了又一个新的发展高峰。

广彩，即广州彩瓷、广州织金彩瓷的简称，亦称广东彩，是融会了五彩、粉彩和西方绘画的技法，经彩绘、烘烧制成的釉上彩瓷。这一品种出现于清代康熙、雍正之间，盛于雍正、乾隆、嘉庆之际，发展于清晚期，并流传至今。当时正值中西贸易兴盛时期，为适应外销的需要，将景德镇所烧的素瓷坯运到广州后，根据欧洲客商的需求，加以彩绘，再经700~750℃烘烤而成，之后直接从广州口岸出口。由于广彩瓷器主要是为了外销而生产的彩瓷品种，因此注定了其具有显著的中西合璧的特征：一方面纹饰更多地模仿西方的艺术形式，以浓烈的色彩和弯曲妙曼的线条，迎合当时西方人的审美情趣，不少作品体现出浓厚的巴洛克及洛可可艺术风格；另一方面又充分体现出中国传统人文意识、岭南自然风物等特征，纹饰图案有花鸟、人物、纹章、山水风景、庭院建筑等。雍正至乾隆时期纹样个性明显，呈现出"式多奇巧""岁无定样"的艺术特色，色彩丰富、华丽，金彩使用相对较少。嘉庆、道光以后逐步以红、绿彩为主，大量使用金彩，以大红、大绿、大金形成绚丽的格调，纹饰程式化特征开始形成。同治、光绪以后纹饰程式化特征明显，形成金碧辉煌、绚彩艳丽的特点。17世纪末至18世纪，广彩的外销市场主要是欧洲。18世纪末，因欧洲各国的制瓷产业兴起，其时又适逢中美航线开通，广彩瓷器的外销市场从此转向以美洲尤其是美国为主。清末至民国初期，广彩瓷器在延续传统风格的同时，因岭南画派画家们的介入而出现了另外一种风格——在瓷器彩绘中融入中国画的技法，使广彩画面中出现了类似浅绛彩和新彩的特点。绘画题材除了传统的以外，还出现了暗寓政治性的题材，这种短暂的探索为广彩的发展注入了新的活力。民国中期以后，因战乱等原因，广彩瓷器的生产大受冲击，多移至港澳等地，此时广彩瓷器的纹饰又恢复到传统风格。中华人民共和国成立后，在人民政府的正

20　清道光《南海县志》卷七。

21　清光绪《南海县乡土志·矿物制造》。

22　[清]屈大均：《广东新语》卷十六《器语》。

23　邓端本：《广州港史》（古代部分），北京：海洋出版社，1986年，第8页。

24　参见马素梅《屋脊上的戏台——海外的石湾瓦脊》，香港艺术发展局，2020年，第112~145页。

确领导和大力扶持下，从港澳回穗参加祖国建设的广彩技术人员和内地的技术人员一起，共同创造了广彩瓷器的新辉煌。

清代末期，欧洲凭借工业革命的红利，大幅度提高了社会生产力，初步形成了资本主义世界市场，对中国陶瓷器的外销造成了较大的冲击。因此，新政之士倡导清政府设立商部，由官商创办工商企业，希望通过提倡实业、鼓励办厂以振兴经济，具体做法是引进西方或日本的近代化管理和培训模式。当时在瓷业界影响较大的是湖南著名人士熊希龄（1866—1950 年），他于 1905 年（清光绪三十一年）呈文禀请湖广总督端方，要求设立瓷业公司。1906 年（清光绪三十二年）熊希龄在醴陵城北姜湾创立官办"湖南醴陵瓷业学堂"，随后成立了湖南第一家官办瓷业公司——"官办湖南瓷业有限公司"，成功烧制出精美的醴陵五彩瓷。在广东，广东高州府知府英麟于 1906 年在高州府成立"广东高州府瓷窑劝工厂"（简称"高州瓷厂"），招募广西、江西的制瓷工匠，利用当地的瓷土，仿烧景德镇瓷器。次年，在高州瓷厂内附设瓷业学堂，招收本地贫民子弟入学并请景德镇师傅传授制瓷技艺。高州瓷厂的产品有青花、五彩、青花加彩、青花釉里红等品种，器物底部多写"高州府瓷业厂""高州府瓷业学堂制""高州瓷校"等款识，胎、釉、彩多泛灰，制作工艺较粗。1910 年（清宣统二年），"高州府派员将高州瓷业学堂和高州瓷厂制作的瓷器运送到省城，与省内其他各府的产品一起运送到江苏参加南洋劝业会"，但因竞争激烈，高州瓷厂的产品未能获得任何奖项[25]。其后，因时局动荡及自身原材料和工艺不精等原因，高州瓷厂迅速衰落。

从唐至清代以至民国时期，广东陶瓷业均呈现出明显的外向型特质，产品以外销为主。各地窑口的地点都处在各对外贸易港口附近，或水路交通便利之处，清代广彩瓷器更是出现在重要的海外贸易港口——广州，形成这一特质的原因，主要还是在于发源于广东的南海海上丝绸之路的兴盛。

广东是南海海上丝绸之路的起点，有史料记载的、具有海外贸易意义的南海海上丝绸之路，至少在西汉时即已形成。据《汉书·地理志》记载，汉武帝时期，汉平南越相吕嘉叛乱（公元前 111 年）后，即派遣黄门使者出使东南亚和南亚诸国，开启了官方商业使团朝贡贸易的模式。此后经过汉末三国至南北朝时期的发展，至唐代，这条海上贸易通道已日臻完善，不断延伸。在穿越南海、马六甲海峡，进入印度洋、波斯湾之后，再沿波斯湾西海岸航行，进入阿曼湾、亚丁湾和东非海岸。这是《新唐书·地理志》所记载的唐代最重要的海上航线，也是当时世界最长的远洋航线，唐人称之为"广州通海夷道"。直至大航海时代来临以前，中国的海外交通与贸易一直使用这条航线。

唐贞观十七年（643 年）"唐置市舶使，以岭南帅臣监领之"[26]，开启了对广州派驻市舶使的制度，

25　阮华端：《广东高州府瓷窑劝工厂述考》，《文博学刊》2021 年第 4 期。

26　[明] 黄佐：《广东通志》。对于市舶使创设的时间，中外学者多有争论，有太宗说、高宗说、玄宗说等。本文仅取明嘉靖间广东学者黄佐的观点。

专职掌管外贸事务。由此，南海海上贸易开始了由国家统筹管理的历史。宋开宝四年（971 年），宋朝灭南汉取得广州的统治权，四个月后即在广州设置了市舶司，负责海外商舶贸易 [27]。宋代朱彧在《萍州可谈》卷二云："崇宁初，三路（即广南东广州、福建泉州、浙江明州——今宁波）各置提举市舶司。三方唯广州最盛。"元至元二十三年（1286 年），元政府在广州设置市舶司，恢复了宋代广州、泉州、明州三市舶司稳定的格局 [28]。明初实行海禁与市舶司管理并行的制度，明洪武三年（1370 年），明政府设置浙江、福建、广东三个市舶司管理对外贸易，规定"宁波通日本，泉州通琉球，广州通占城、暹罗、西洋诸国" [29]。洪武七年（1374 年），因朱元璋严格实行海禁，广东、浙江、福建市舶司同时废止。明永乐元年（1403 年），广东市舶司恢复，从此直至明末，未被罢革，是明代保持时间最长的一个市舶司。从明中期开始，朝贡贸易日渐萎缩，因而明政府不断地调整贸易政策，对朝贡贸易的贡期、贡道、贡船、贡品和人数等进行调整和限制。其中最突出的方面，就是对广东港口的开放：一是明正德时期准许非朝贡贸易国家的船舶进入广东贸易 [30]，正德四年（1509 年），暹罗船舶遭到风暴而漂流入广东海域，镇巡官按规定"以十分抽三，该部将贵细解京，粗重变卖，留备军饷"，准其贸易 [31]；二是明嘉靖时期因"倭祸"而"革福建、浙江二市舶司，惟存广东市舶司"对外贸易 [32]。由此，东南亚诸国与中国贸易，"俱在广州，设市舶司领之" [33]。明嘉靖三十二年（1553 年），葡萄牙人进入并租居澳门，广东市舶司在澳门还设立了一个下属机构，以便于对澳门海外贸易的管理 [34]。市舶制度从唐代滥觞，至宋代完善并发展，再到明亡而结束，延续千年，对我国古代对外贸易起到了很好的促进作用。其间广州市舶司一直居于重要的地位。

清康熙二十三年（1684 年）正式停止海禁："今海内统一，寰宇宁谧，满汉人民相同一体。令出洋贸易，以彰富庶之治，得旨开海贸易。" [35] 次年下令于广东广州、江苏松江（今上海）、浙江宁波、福建厦门设置粤、江、浙、闽四个海关，负责管理对外贸易和征收关税等事务。此四处为对外贸易港口，此为中国历史上正式建立海关的开始。至此，明清以来的中国海禁结束，海外贸易进入海关管理时期。在粤、江、浙、闽四个海关中，尤以粤海关的重要性最为突出。据清代梁廷楠《粤海关志》的记载，

27　[南宋]李焘：《续资治通鉴长编》卷十二，宋太祖开宝四年六月辛未。宋军进入广州在二月辛未（五日），设置市舶司在六月壬申（八日）。

28　《元史》卷十四《世祖纪》。

29　《明史》卷八十一《食货志·市舶》。

30　《明武宗实录》卷六十五。

31　[清]顾炎武：《天下郡国利病书》卷一二〇《海外诸番·入贡互市》。

32　《明史》卷七十五《职官四》。

33　《明史》卷三二五《外国六》。

34　张天泽：《中葡早期通商史》，姚楠、钱江译，香港中华书局，1988 年，第 117 页。

35　《清朝文献通考》卷三三《市籴》。

与其他海关不同，粤海关专设海关监督统管海关全部事务，海关监督直属中央："我朝厘定管榷，官制有兼管，有简充。天下海关，在福建者辖以将军；在浙江、江苏者辖以巡抚；惟广东粤海关专设监督，诚其重任也。"此外，粤海关实际上还兼有对外交涉、海防、内外防范等诸多职能[36]。其后，在中外贸易往来中，逐渐出现了一些新的问题，如中外商人的接触日益频繁，外商违禁之事也不断增多。清政府出于各方面的考虑，于乾隆二十二年（1757 年）十一月宣布封闭闽、浙、江三处海关的海外贸易职能，规定"番商将来只许在广东收泊贸易"[37]。虽然此时在吕宋（今菲律宾）的西班牙商船仍被允许继续前往厦门港贸易，但历史上习惯把这一年视为清代多口通商的结束、广州一口通商的开始。这种局面直至鸦片战争结束才改变——1842 年（清道光二十二年），中英签订的《南京条约》规定，清朝政府开放广州、厦门、福州、宁波、上海等五口通商。由此，历时八十多年的广州一口通商时代结束，中国进入五口通商的时期。

广州港自古以来就是最重要的海外贸易港口之一。从东晋、南朝开始，广东本地生产的青釉瓷器即已通过南海海上丝绸之路输出外销。至唐代，陶瓷器成为海上丝路的重要外销品种，直至清代、民国，历久不衰，因此有的学者把这条海上贸易通道称为"陶瓷之路"。从广东输出的外销陶瓷器，既有全国各著名窑口的产品，也有广东本地生产的产品：唐代梅县水车窑、潮州窑、官冲窑等窑口的青釉瓷器；北宋广州西村窑、潮州窑、惠州窑等窑口的青釉瓷器、青釉刻花瓷器、青白釉瓷器、褐彩彩绘瓷器等；宋元时期雷州窑的青釉瓷器及釉下褐彩彩绘瓷器；明清至民国时期的石湾窑陶器、广彩瓷器和潮州枫溪窑瓷器等。外销目的地，在大航海时代到来之前主要是"广州通海夷道"沿线，之后是全球各大洲。

广东古代陶瓷在中国陶瓷史及陶瓷贸易史中占有重要的一席之地。广东省博物馆的文物藏品中，广东陶瓷无疑是丰富、全面的。我们在编撰本卷时，选取文物 165 件 / 套，共分七章，既尽量涵盖到各个历史时期，亦突出重点。水车窑、西村窑、雷州窑的藏品在本大系的《出土出水文物卷》有较多介绍，因此在本卷仅做了简单选介。潮州窑虽在《出土出水文物卷》里有所介绍，但其年代跨度较大，传世品较多，因而在本卷亦占有较多的内容。晋至明代广东其他地区或窑口的陶瓷器，俱在《出土出水文物卷》里有所介绍，在此不作收录。高州瓷厂历时短，传世产品少，但毕竟反映了清末新政时期全国各地兴办实业的历史背景下，广东瓷业的一个侧面，所以我们也做了简单介绍。因明清时期的石湾陶和广彩瓷特色明显、影响深远、传世量大，亦是我馆收藏数量大、质量较精的重要品种，因此我们把重点放在这两个品种上。

36　[清]梁廷楠：《粤海关志》，卷七《设官》，卷二十八《夷商三》，卷二十三《贡舶三》。

37　《军机处上谕档》，中国第一历史档案馆、广州市荔湾区人民政府编《清宫广州十三行档案精选》，广州：广东经济出版社，2002 年，第 107 页。

图版

广东陶瓷

八宋画谷

水车窑

　　梅县水车窑，唐代广东地区的重要瓷窑之一，盛于唐代，宋代后较少生产。窑址最初发现于 20 世纪 80 年代，因位于梅县（今梅州市梅县区）水车镇而得名，又称梅县窑。水车窑产品以青瓷为主，胎体较为厚重，没有过多纹饰装饰，釉色呈青绿偏黄或青灰色，部分施以酱褐色薄釉，釉质大都较厚、莹润，多有冰裂纹。产品造型丰富，品种齐全，有碗、盘、碟、壶、罐、枕、砚等生活及文房用品，也有小研槽、小炉灶等丧葬明器。梅县水车窑产品大量外销，不仅在唐代沉船"黑石号"中发现水车窑产品，泰国、菲律宾等地亦有出土，它与长沙窑、邢窑等作为唐代外销瓷器窑口共同登上世界的舞台，迎来中国古陶瓷外销的第一个高峰。

水车窑青釉双系罐

唐（618—907 年）
高 19.8、口径 9.1、腹径 14、底径 9.8 厘米
1981 年梅县畲坑 3 号墓出土

　　口微侈，短颈，溜肩，直腹，平底，肩部左右各置一系。里外满施青釉，有细小开片。该罐造型优美大方，釉质光亮莹润，近似越窑产品，是唐代广东本土青瓷佳作。

水车窑青釉双系大口罐

唐（618—907 年）

高 14、口径 18.5、腹径 22.1、底径 14 厘米

宋良璧捐赠

　　广口微侈，短颈，溜肩，鼓腹，饼形足，肩部相对处有系。
胎体厚重，颜色灰白。表面施青釉，釉色莹润，有小开片。

水车窑青釉镂孔圈足砚

唐（618—907 年）
高 5.8、口径 22.5、底径 24.3 厘米
1981 年梅县畲坑 4 号墓出土

　　整体呈圆形，砚盘侈口，砚心凸起，几乎与盘沿平齐。盘沿与砚心之间有一周贮水凹槽。砚座束腰，镂十二个圆孔，近底处外撇。外壁施青黄釉，开片，釉面光亮。砚心中间露胎。

　　陶砚最早见于三国，西晋出现青瓷砚，与魏晋时期书法艺术的兴起密切相关。陶瓷砚的底部形态多样，两晋为三足，南朝以后发展为多足，唐以后又出现带座式。

西村窑

西村窑，位于广东省广州市区西北边的西村，随着北宋时期的对外贸易而兴起，是北宋时期以烧制外销瓷为主的民间窑场，其产品在日本、马来西亚、菲律宾、印度尼西亚、印度、斯里兰卡等国均有发现。

西村窑器物品类繁多，涉及日常生活用器的各个方面，如碗、盏、碟、洗、盆、盂、壶、军持、净瓶、熏炉、枕等日常用具二十多种，以及盅、埙、狗、马、碾轮、漏斗等杂器十多种。西村窑瓷器胎体颜色也有所不同，按颜色可分为白胎、白中泛黄、灰白胎、灰胎、红胎，其氧化铁含量依次递增。釉色可分为三类，即青釉（包括影青）、黑酱釉和绿釉。青釉器最多，呈色深浅各有不同，有深青、浅青、灰青、青白、米黄等。酱釉的釉色有黑色、酱褐色、甜酱色。绿釉器较少。装饰手法多种多样，有刻划花、印花、彩绘、点彩和镂刻等多种。其中，刻划装饰有条纹、菊瓣纹、莲瓣纹、折枝缠枝花纹、叶纹、云纹等，以缠枝花纹较为复杂。彩绘装饰，分为釉上彩与釉下彩两种，纹饰多为菊花纹或牡丹纹。西村窑产品之一的青釉印花器物一般认为是仿耀州窑的产品，器内底部印有缠枝菊纹，而彩绘加刻划的装饰方式则是西村窑所独有。

由于西村窑与耀州窑在青釉印花器物上具有一定的相似性，因而一些学者对此进行了科技分析对比，结果显示，西村窑瓷胎的主量元素具有高钾（K_2O: 2.63%~4.88%）、低铁（TFe_2O_3: 2.63%~4.88%）的特征，微量元素则具有低铬（Cr: 10~68μg/g）、低锆（Zr: 209~359μg/g）、低锶（Sr: 16~69μg/g）、高铷（Rb: 279~475μg/g）的特征，瓷釉中既有钙釉也有钙碱釉，这些与耀州窑有所区别，可以此作为窑口判定的依据。除此之外，对西村窑产品釉色、彩料的分析发现，黑褐彩有较高的氧化铁（TFe_2O_3），黄褐次之，彩料的呈色元素为赤铁矿（$α-Fe_2O_3$）；釉中氧化铁（TFe_2O_3）含量最高的是酱黑釉，深色刻花与印花瓷、彩绘瓷、青瓷、青白瓷、浅色刻花、白瓷釉中氧化铁（TFe_2O_3）含量依次递减。

西村窑青釉军持

北宋（960—1127年）
高15、口径8、腹径12.4、底径8厘米
1952年广州西村皇帝岗窑址出土

　　直口，折沿带凹槽，高颈，鼓腹，平底，直长流。施青黄釉，开片，腹部以下釉面剥落，窑粘斑驳。

　　军持原为佛教净瓶，宋代以后广受西亚、东南亚地区伊斯兰教信众喜爱，大量从中国定制，产地主要为广东、福建两省的西村窑、文头岭窑、德化窑、磁灶窑等窑口。

西村窑青白釉菊瓣刻花碗

北宋（960—1127 年）

高 4.9、口径 15.2、底径 5.6 厘米

1952 年广州西村皇帝岗窑址出土

  敞口，弧腹，圈足。灰白胎，施青白釉，釉质莹润。内壁刻划莲瓣纹，外壁刻划菊瓣纹，纹饰精致独特。

西村窑青白釉划花盘

北宋（960—1127 年）
高 5.5、口径 24、底径 7.2 厘米
范迪士捐赠

　　敞口外翻，弧腹，圈足。灰白胎，施青白釉，内壁满釉，外壁施釉不及底。盘心阴刻一周弦纹，内壁刻划花卉纹，花卉内篦划纹饰。整体造型简约素雅。

雷州窑

雷州窑，以窑址所在地命名，是广东雷州地区唐至清代窑址群的总称。目前发现的雷州窑遗址共有 220 多座，其中以宋元时期的窑址居多，是宋元时期广东三大民窑之一。

雷州窑形成于唐初，瓷器胎质致密，胎体灰白色，釉面有光泽，大部分产品有冰裂纹。此时的器形较为简单，器类多为碗、豆、盘、罐等日用器。宋元时期是雷州窑发展的鼎盛阶段，器类较唐代更为多样，有碗、杯、碟、钵、盏、壶、瓶、罐、枕等，装饰手法有印花、刻花、镂空、堆塑等，产品主要有青釉瓷器、褐釉瓷器等。直到明清时期，雷州窑逐渐衰落。

雷州窑产品中最具特色的，为青釉釉下褐彩瓷，其烧制年代为南宋至明早期，明中期以后停烧。釉下褐彩绘以氧化铁为呈色剂，在素胎上绘制纹饰图案，外施透明青釉，后入窑高温一次烧成。器类以罐、枕等最具代表性，多为青黄釉色，胎色灰白，胎质坚硬。褐彩纹饰早期多为点彩、弦纹或缠枝花卉，后期常见开光内绘折枝花卉或题字。开光装饰是雷州窑瓷器重要的艺术表现特色，即在器物如罐的腹部，枕的枕面、侧面绘制弦纹、直线、钱纹、卷草纹、莲瓣纹等开光装饰，开光内绘制人物纹、花卉纹、凤鸟纹，或是书写吉祥语、谚语、诗词等文字，如"金玉满堂""积善之家必有余庆"等。

雷州窑产品风格质朴，是我国陶瓷史中的重要环节，其产品依托港口这一特殊地理位置销往海外，为中国文化的传播及发展做出了重要贡献。

雷州窑釉下褐彩开光"蓝桥仙会"铭罐

宋（960—1279 年）

高 24.7、口径 9.5、腹径 22.3、底径 13.9 厘米

雷州出土

　　侈口，短束颈，上腹鼓，下腹斜收，平底。施釉下褐彩，肩部至上腹部依次绘双重莲瓣纹、带状钱纹、花卉纹、卷草纹各一周，腹部开光内绘变形菊纹及"蓝""桥""仙""会"四字，下腹部绘带状钱纹及蝙蝠纹各一周。

潮州窑

　　潮州窑，以窑址所在地命名，是唐代以来潮州辖区内所有窑址的总称，为宋元时期广东三大民窑之一，也是南方地区以烧制青白瓷为主的瓷窑之一。其产品于日本、韩国、马来西亚、印度尼西亚、巴基斯坦等国均有发现。

　　潮州窑瓷器胎体较薄，质地坚硬，瓷化程度较高，烧制器物形制精巧，以盘、碗居多，壶、盒、炉次之。装饰方法主要有划花、刻花，印花装饰较少。纹饰有团花纹、波浪纹、篦纹、鱼鳞纹以及各种花草纹等，也存在不同器物采用不同的装饰方式。

　　潮州窑的发展可分为以下五个阶段：

　　唐代——创烧时期。包括梅县水车窑以及南关、北关窑厂。产品类型以碗、碟、杯、壶、罐等青釉生活日用器为主，碗、碟以四瓣花口、玉璧底和矮圈足居多，器壁较厚，瓷化程度低。

　　北宋——鼎盛时期。北宋初期仍以南关、北关为主要窑厂，中期以后，潮州的主要窑厂逐渐转移到以笔架山为中心的区域。笔架山窑的产品种类繁多，有生活用瓷、陈设瓷等，装饰工艺有雕刻、贴花、镂空等，此时器壁较前期变薄，釉色有白、青白、青、黄、酱褐等多种，其中尤以青白釉为主。

　　南宋至元——衰落时期。这一时期比较有代表性的窑厂有梅县的瑶上窑，目前发现的瑶上窑产品以碗、盘、碟、瓶等生活用瓷为主，胎质洁白、坚硬，釉层较薄，有青绿、青白、酱褐等釉色，以青白釉为主，装饰工艺以精美的印花为特色。

　　明清——转变时期。这一时期欧洲各国替代阿拉伯人与中国进行贸易，加之西方商品经济及交通运输业的发展，使得中国的对外贸易空前活跃，潮州瓷器外销在此历史背景下迅速发展。这一时期的主要窑口大多集中于大埔、饶平、惠来等地，产品有青白瓷，后来受龙泉窑及海外需求影响，开始仿烧龙泉青瓷。到了明晚期，青白釉和仿龙泉青釉瓷器逐渐减少，饶平、大埔、惠来等窑口开始出现青花瓷的烧制。

　　清末——发展时期。汕头港对外通商以及外商的进入，为潮州的发展带来更大的机遇，大量订单的涌入促进了潮州窑的大规模生产。这一时期的窑口有枫溪窑、大埔窑、饶平窑等，枫溪窑产品主要为色釉瓷（如米黄色釉、黄釉等）、彩绘瓷（如釉上粉彩、青花瓷等），更是创烧了大窑五彩；大埔窑、饶平窑产品主要为青花瓷、青花红绿彩等。

　　近代的潮州窑产品除外销外，潮州工匠亦在泰国、马来西亚、新加坡等东南亚国家进行陶瓷生产活动。潮州瓷器不仅通过海路抵达其他国家和地区，其大规模的生产、外销以及高质量的产品也奠定了它在中国的外销瓷器中不可或缺的地位。2004年，潮州被中国轻工业联合会、中国陶瓷工业协会授予"中国瓷都"称号。

潮州北关窑青釉碗

唐（618—907 年）
高 6、口径 20、底径 10 厘米

敞口，斜直壁至足弧收，内壁凸起四条脊线至碗底。玉璧底，底沿有三块圆形垫烧痕迹。满施青釉，釉层厚且布满冰裂纹，釉质莹润似玉。

潮州笔架山窑白釉鱼篓形四系小罐

北宋（960—1127 年）
高 11、口径 5.9、腹径 10.3、底径 5.5 厘米

　　罐形似鱼篓，直口，溜肩，鼓腹，圈足。肩部有四系，口沿和肩部各有两周弦纹，由肩至底均匀分布六条竖直凹槽，内各起一棱。通体施白釉，稍泛黄色，有细碎开片。整体造型精美，是实用性与艺术性巧妙结合的器物。

潮州笔架山窑白釉鱼篓形四系小罐

北宋（960—1127 年）
高 11、口径 5.9、腹径 10.3、底径 5.5 厘米

潮州笔架山窑青白釉刻花莲瓣纹炉

北宋（960—1127 年）
高 11.5、口径 13.5、底径 7.7 厘米

炉形似豆，口稍外撇，腹较深，底座呈扣碗形。炉身外壁刻多重莲瓣纹，座刻覆莲瓣纹。胎呈灰白色，施青白釉。

此炉造型端庄稳重，莲瓣纹饰刻划有力，线条流畅，是宋代潮州窑的精品之作。

潮州笔架山窑青白釉褐彩坐佛像

北宋熙宁元年（1068年）

通高31.5、座宽10.5厘米

1922年潮州城西南羊皮岗出土

　　佛像头束发髻，髻前饰一粒白色"明珠"。眉际有一粒微微凸起的"白毫相"。双目下视，有须，身着袈裟，双手掌心相对，作捧物状于腹前，结跏趺坐于须弥座上。通体施青白釉，髻与眉、眼、须绘褐彩。须弥座三面刻字。正面刻"潮州水东中窑甲弟子刘扶"，右侧刻"同妻陈氏十五娘发心塑佛散施永充供养为在堂父母及合家"，背面刻"男女乞保平安熙宁元年戊申岁六月十三日题匠人周明"。

　　古城潮州在1922年、1980年和1998年，分别在三个不同地点发现属于同一刘姓家庭成员发心奉养的瓷质释迦牟尼佛造像六尊。这批造像须弥座上的铭文，说明了造像供养人的姓氏，造像的心愿（发心），生产造像的窑址、日期，塑造匠人的姓名等，极具历史价值。

潮州笔架山窑青白釉褐彩坐佛像

北宋熙宁二年（1069年）
通高 31.5、座宽 10.5 厘米
1922 年潮州城西南羊皮岗出土

　　佛像头束发髻，髻前饰一粒白色"明珠"。眉际有一粒微微凸起的"白毫相"。双目下视，有须，两耳垂肩，身着袈裟，右手作说法印，结跏趺坐于须弥座上。通体施青白釉，髻与眉、眼、须绘褐彩，底部露胎处泛火石红色。须弥座束腰部分刻铭："潮州水东中窑甲女弟子陈十五娘同男刘育发心塑造释加（迦）牟尼佛散施永充供养，奉为亡夫刘弟七郎早超生界，延愿合家男女乞保平安，熙宁二年己酉岁正月十八日题。匠人周明。"（原右手残，此手为后配）

潮州窑白釉琵琶形尊

明（1368—1644 年）

高 35.8、口径 9.5、腹长径 20、腹短径 16、
底径 9.8 厘米

　　直圆口，扁腹，圈足。肩部两侧
贴塑对称的装饰，为蝙蝠衔环，环上
垂吊笔、银锭、如意图案，寓意"必
定如意"。腹部印有菱花形开光。口
内沿及外壁施白釉，有细小开片；内
无釉，有旋轮纹痕。胎白泛黄，底足
有支垫痕。

　　北宋博古之风盛行，开始出现
仿商周青铜器的陶瓷器，并延续至明
清。尊是商周青铜器常见器形。这件
瓷尊是潮州窑瓷器中仿商周青铜器的
典型作品。

潮州窑白釉堆贴瓜形摆件

明（1368—1644 年）
高 30、口径 1、腹径 12.9、底径 7 厘米

摆件呈八瓣瓜形，堆贴花叶藤蔓。壶嘴为瓜蒂，以一藤作把，把手旁置口，被瓜叶所盖，玉璧底。通体施白釉泛黄且显红色，釉面有细小开片，温润而莹亮，具有明代潮州窑典型的釉色特征。器身的藤蔓是捏好后堆贴上去的，这种工艺技术要求高，增加了器物的立体感，使得器物活泼美观。

潮州窑白釉观音立像

明（1368—1644 年）
高 78.5、座宽 23 厘米

　　观音束双辫垂肩，长方脸稍圆，双目微合，神态慈祥。胸配璎珞，一手执如意，一手掩于衫下，立于莲叶莲花座上。通身施白釉，釉色白中稍泛黄，釉面开小冰裂纹片，甚洁净。该雕像整体大气，局部精细，是潮州窑人物塑像的精品之作。

　　潮州窑人物塑像主要有佛、道人物，借鉴和学习了福建德化窑、漳州窑的工艺。

潮州窑白釉四瓣花口扁瓶

清·乾隆（1736—1795 年）
高 28.5、口长径 13、口短径 9.5、腹长径 19、腹短径 11.5、
底长径 11.5、底短径 6.8 厘米

　　花瓣形撇口，束颈，鼓腹，高圈足。自口至底均匀分布四条凹线。通体施白釉泛黄，有细碎开片。器形构思巧妙，线条流畅，端庄大气。

潮州窑白釉堆贴梅花纹瓶

清（1644—1911 年）
高 17.5、口径 2.7、腹径 6.8、底径 4.5 厘米

　　直口，细长颈，胆形腹，圈足。颈部至腹上部贴白梅一枝。通体施白釉泛黄色，有细小开片，唯梅花粉白无开片，似和瓶身胎土有别。内沿有釉而瓶里无釉，有旋轮痕。

　　堆贴或称堆塑，是明清潮州窑瓷器的主要装饰手法之一，多见于观音像、瓜壶、竹节壶、长颈瓶等精制器类，一般事先捏好或模印好各种形象后堆贴，立体感强，活泼美观。

潮州窑白釉镂空人物纹觚

清（1644—1911 年）
高 33.3、口径 18、底径 12.2 厘米

　　喇叭口，直身撇足，台形圈足。腹
间镂刻四个菱形窗，内镂刻八仙云纹，
菱形间刻划卷草纹。里外施白釉，有细
小开片，较明亮。

　　镂空是明清潮州窑瓷器的主要装饰
手法之一，一般在器身绘好图案后，用
利刀透雕成花纹，常见于觚、熏炉等器
类上。镂空技艺对后世枫溪窑的通花技
术影响较大。

潮州窑白釉双耳三足鼎式炉

清（1644—1911 年）
通高 34.7、口径 18.3、腹径 20 厘米

　　直口，宽沿，冲耳，深腹微鼓，底
装三柱状足。上腹饰双弦纹装饰带，带
内分别印三层装饰，上下两层为回纹，
中间为夔纹。通体施白釉。

　　此炉仿商周时期的青铜鼎，造型古
朴典雅，是潮州窑供器类器物的精品。

清（1644—1911 年）
通高 34.7、口径 18.3、腹径 20 厘米

潮州窑白釉竹节耳三足鼎式炉

清（1644—1911 年）
高 16、口径 23.3 厘米

平沿，方唇，微敞口，短颈，溜肩，扁圆鼓腹，三柱形高足。肩腹部饰对称两竹节形半圆环状耳，耳上下端贴塑竹叶纹。通体内外施白釉，釉色泛黄，釉面莹润光亮并开细碎开片。整体造型挺拔，局部装饰的竹节增添了器物的文气和巧思，匠心独运。

潮州窑白釉达摩立像

清（1644—1911 年）
通高 26.6、座宽 9.3 厘米

　　达摩头部微低，身披袈裟，一手捧鞋履，另一手搭此手臂，赤足立于座上，座上刻水波纹。达摩广额深目，满脸虬须，双目微闭。通体施白釉，底心有一圆孔。此像塑造生动，五官紧凑，眼聚沉思，衣纹线条流畅。

　　公元 470 年或 520 年，达摩从海路东行，历三年，先在广州登陆，后北上嵩山，在少林寺播化心法，传承衣钵。达摩"大乘壁观，功业最高，在世学流，归仰若市"，被尊为禅宗初祖。

　　此像来源于达摩"只履归西"的典故，相传达摩圆寂后葬身河南熊耳山空相寺，不料死后三年却被熟人在外地撞见。出使西域的东魏使臣宋云在回国的路上，走到葱岭（今帕米尔高原）一带，遇到手提一只鞋，赤足西归的达摩。宋云和达摩聊了一会儿传法和朝廷的事，达摩催他快回，说朝中有大事发生，同时声称自己也要重返故土了。宋云回朝报告了此事，被认为不可信。后开棺查验，果见棺中无人，只留下了一只鞋子。这一不可思议之事成为达摩传奇生涯的组成部分。

　　"只履归西"是一个通过物象喻示达摩传法的故事。留在中土的鞋和拿回西域故土的鞋，象征心法西来，留下了一脉，复将归去。载道之器（履），东土西域各一。达摩以己身连起了印度和中国的禅宗大道。

潮州枫溪窑菊花盆景

1972 年
通高 27、座长 18.8、座宽 12.3、花高 5.2 厘米

　　盆景采用捏、塑、粘贴瓷花等手法制作而成。花施白釉，盆施青釉，山石施窑变釉，整体淡雅而经久耐看。

　　菊花枝叶、花瓣捏塑逼真、细致。潮州瓷土具有良好的可塑性和较高的黏结性，而且质地偏软，白度高，是瓷塑的优质原料。

潮州枫溪窑吴为明作仕女吹笛像

1989 年
高 29.5 厘米
潮州枫溪陶瓷研究所捐赠

　　仕女倚石吹笛。人物面部和手素胎，头发施黑釉，戴粉红头花、金玉耳环，串珠项链和手环施金彩，着白釉长裙，坐绿釉石。底部刻行书"钟鸣"款。胎质洁白，釉层莹润，造型气韵生动。

石湾窑

石湾窑，位于广东省佛山市禅城区东平河畔，是我国著名的陶瓷窑厂之一，以烧陶而闻名。其陶器胎质较粗，胎色较深，烧成温度较低，代表性产品有艺术陶器及建筑陶器，产品遍布越南、马来西亚、新加坡等地，有"石湾瓦甲天下"的美誉。

石湾窑的发展可分为以下五个时期：

唐代——创烧时期。该时期陶器为青釉、酱黄釉色，釉面有开片与不开片之分，胎体厚重，胎质疏松。产品造型、种类相对较少，器类有碗、盘、盆、炉、魂坛等，造型朴实。

宋元——发展时期。该时期有青釉、青黄釉、黑釉、酱黑釉、酱黄釉以及少量白釉，釉色种类大大增加且釉色均匀，其中一些产品有印花、刻花、彩绘、贴塑等装饰。产品种类较唐代更为丰富，有盘、盏、碗、壶、罐、埕、擂盆、瓶、坛、粉盒、高足杯、双耳瓶、三足炉、灯盏等生活用品以及陶塑产品，如陶塑兽头等。其中，奇石窑址还发现有宋代青釉、青白釉瓷器。

明清——繁荣时期。该时期产品质量进一步提高，产品除了有罐、四系执壶、素胎药煲、油灯、枕等生活用陶以及仿古器皿之外，还出现了一批由善于观察生活的艺术名家烧造的人物、动物、瓦脊、山公盆景、园林构件、祭祀用品、大型神像等陶塑产品。此外，陶工还研制出五彩缤纷的各色釉，尤其以仿钧蓝和钧红、月白、仿哥釉等釉色最为著名。这一时期的石湾陶器艺术创作达到了新的高度。

清末至民国早期，由于受到社会变革及外来文化与产品的冲击，瓦脊需求量急剧下降，石湾陶业生产受到一定影响。因此，陶工们积极改革以适应时代发展，许多生产瓦脊的艺人和堂号纷纷改为塑造单个陶塑制品，俗称"石湾公仔"，为石湾陶业创出了一片新天地。此时，除瓦脊等建筑用陶大量外销东南亚等地外，亦有部分窑工到越南等地建窑生产石湾陶产品。

民国——转型延续时期。由于战乱的冲击，石湾陶业受到重创，濒临灭绝。

中华人民共和国成立后——重新兴盛期。20世纪50年代初期，在人民政府的大力扶持下，石湾陶的生产得以恢复并迅速兴盛起来，至今，石湾陶在继承传统的同时亦不断创新，迎来了又一个新的发展高峰。

石湾窑自创烧以来，以模仿和创新促发展，走出了一条不同于其他窑口的特殊道路，在岭南陶瓷生产中独树一帜，特别是贴近生活的建筑陶器及陶塑产品深受大家喜爱。

石湾窑翠毛釉双耳撇口瓶

明（1368—1644 年）
高 15、口径 10.5、腹径 10.5、底径 7.2 厘米

　　撇口，长颈，丰肩，圆鼓腹，圈足。颈部饰对称双实耳。
器表通体施翠毛釉，釉质肥厚，釉色浓郁发亮，瓶身有流釉的现
象，近底处釉色呈褐色。底足露胎，胎呈棕色。此瓶虽无款识，
但造型古朴雅致，釉色炫目发亮，堪称明代石湾窑仿钧器皿中的
代表作。

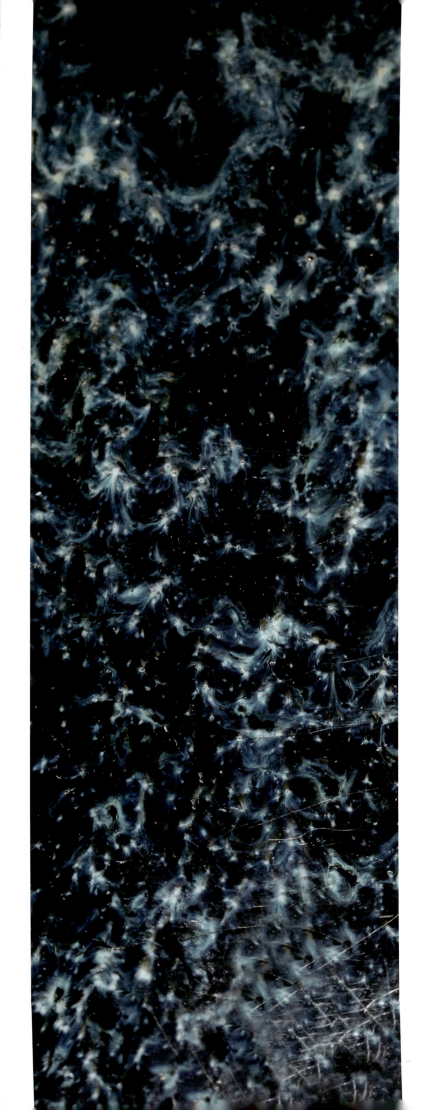

石湾窑 "可松制" 款仿钧蓝窑变釉蟠螭弦纹瓶

明（1368—1644 年）

高 20、口径 5.7、腹径 11、底径 9.5 厘米

龚振祺捐赠

　　直口，长颈，溜肩，鼓腹至足部渐收，浅圈足。肩部饰一道凸弦纹，下方模印四只凸起的蟠螭，上腹部亦有两道弦纹。通体施仿钧蓝釉，釉层肥厚，色泽温润，浓艳美观，蟠螭上下凸弦纹以及蟠螭处釉层较薄，显露胎色。底足无釉，胎质疏松，圈足内阴刻"仿周蟠螭瓶，可松制"楷书款。

　　苏可松（生卒年月不详），明万历至天启年间（1573—1627年）石湾著名的陶瓷工艺家，人称"驼松"。籍贯缺考。擅长器皿造型创作，造型结构严谨，器形饱满，雕刻工艺精巧，苍劲雄浑。其作品多仿商周铜器之精华，善工书法，经常在器物的底部刻写欧体楷书，笔力稳健，端庄隽永，如"仿商贯耳壶可松制""甲子乙亥可松制"等，款识极为工整。

石湾窑仿哥釉琮式瓶

明（1368—1644 年）
高 20.2、口径 7、长 8、宽 8 厘米

　　直口微敛，短颈，平折肩，方柱形长身，圈足。口、足径相若，器身四角饰凸起横线。通体施仿哥釉，釉层滋润亮泽，釉面开片。外底露胎，胎色灰白。

　　琮式瓶因仿新石器时代良渚文化的"玉琮"造型而得名，最早的瓷质琮式瓶见于南宋官窑与龙泉窑。明代石湾窑烧制的琮式瓶多施月白釉，多用于装饰观赏，清代以后，器身横线纹饰演变为八卦纹。

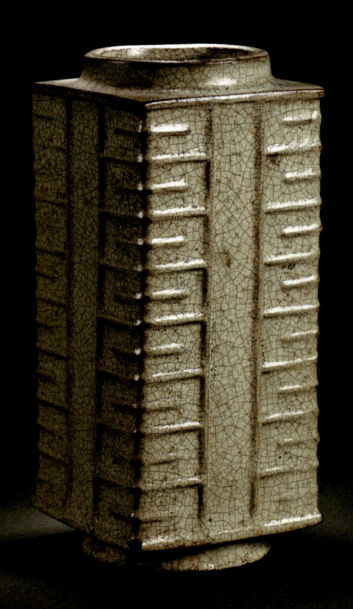

石湾窑绿釉象耳瓶

明（1368—1644 年）

高 53.7、口径 16.8、腹径 27.7、底径 15 厘米

　　敞口，平沿，长颈，溜肩，圆鼓腹，圈足。颈中部饰一周凸弦纹，弦纹下方附对称象首环耳。外壁满施绿色窑变釉，釉色绿中带紫。造型敦厚稳重，釉色晶莹润泽。

　　象耳瓶是石湾窑仿青铜器风格的器形。明代石湾窑艺术器皿多仿古代青铜器、玉器造型和纹饰，器类有瓶、匜、爵、尊、觚、鼎、炉、琮等，工致古雅，端庄大气，多为文房用品或陈设器。

石湾窑"粤彩正记"款 月白釉挂壁

明（1368—1644 年）
高 17.2、宽 8、口径 2.5 厘米

　　挂壁作半瓶形，圆唇，矮领，正面整体弧曲，背面平直，背面上方开一方孔。外壁施月白釉，釉面有细小开片。底及背面刷护胎釉，背面中心钤印"粤彩正记"方形楷书印章款。

　　"粤彩正记"是明代晚期石湾陶器店号，主人为陈粤彩，明代晚期陶瓷名家，擅长制作器皿，器形规范讲究，多施绿、浅绿、酱黄等釉，器底或器物内常钤印"陈粤彩造""粤彩正记"楷书方章。

　　挂壁是石湾艺术器皿中的一大品种，明代就已多见，清代更为丰富，花鸟鱼虫、瓜果蔬菜、人物山水等都成为挂壁造型题材。

石湾窑"祖唐居"款绿釉挂壁

明（1368—1644 年）
高 16.1、宽 11、口径 6 厘米

挂壁作半瓶形，圆唇，矮领，正面整体弧曲，背面平直，圈足。背面上方开一圆孔，方便挂取。肩部饰一周乳丁纹，近底部饰一周回纹。正面满施绿釉，釉面布满细小开片。背面外围施绿釉，中间大部分施酱釉，酱釉边缘与绿釉相交处釉层流动融合，正中钤印"祖唐居"椭圆印。器形古朴，绿釉匀净。

"祖唐居"为明代晚期石湾名店号，擅作日常生活用具，器物较讲究，习惯施黄、绿、青、蓝等颜色釉，底部多钤"祖唐居"印，印下多连钤"集古""墨客""美玩林"等印记。其产品延续至清代仍有生产。

石湾窑黄釉挂壁

明（1368—1644 年）
高 17、宽 11、口径 4 厘米

　　挂壁作半瓶形，圆唇，矮领，正面整体弧曲，背面平直，平底。肩部饰一周乳丁纹，背面开一方孔。外施黄釉，有细小开片。造型古朴素雅，线条流畅，釉面肥腴光泽。

石湾窑天蓝釉鼓钉铺首耳三足洗

明（1368—1644年）

高 6.3、口径 9.9、通宽 15.5 厘米

　　唇口，折肩，鼓形腹，平底，宽圈足。肩部饰一周凸起的鼓钉，腹部两侧附铺首耳。器内外壁均施天蓝釉，釉面开片，釉色淡雅匀净，莹润亮泽。外底施一层透明釉，显露胎色。三足底部露胎，胎色灰褐，质地较细腻。此器造型古朴端庄，为石湾窑仿钧窑天蓝釉的优秀作品。

　　石湾窑仿钧窑器始于明代，盛于晚明至清代。晚明至清初的仿钧窑器以器皿类为主，其中洗、三足炉、尊与钧窑同类器物造型相似，釉色以钧蓝和翠毛釉为多见，色调浑厚凝重。

石湾窑绿釉出戟寿字双耳三足炉

明（1368—1644 年）

通高 12.3、口径 11、腹径 12.4 厘米

    直口，平沿，双立耳，束颈，扁圆腹，平底，三兽足。腹部均匀塑四条出戟装饰，出戟之间满饰梅花地"寿"字图案。全器满施绿釉。

    "出戟"最早见于商周青铜器中，是器身凸起的扉棱装饰，常见于尊、觚、鼎、盉等器类中，增添了器物整体的庄严感。宋代钧、官二窑开始生产仿出戟青铜器的瓷器，明代石湾窑陶器继承了这一仿古传统。

石湾窑"祖唐居"款酱黄釉鼓钉铺首耳带座炉

明（1368—1644 年）

通高 11.7、口径 12.1、通宽 15.3 厘米

　　炉呈鼓形，敛口，浅腹，平底，底承三蹄足。口沿、近底处各饰一周鼓钉纹，腹部两侧对称贴塑铺首耳。底座亦呈鼓形，座面正中刻环形双弦纹，内印双龙及"寿"字，座外壁上下阴刻弦纹，中间印方格梅花纹。器表通体施酱黄釉，釉色润泽光亮，釉面有细纹开片，口沿、底足有少许剥釉。足端露胎，胎色灰白，质地粗松。炉外底、器座底部均钤有椭圆形"祖唐居"楷书印款。此炉造型古雅庄重，釉色匀净沉稳。

灰白，质地致密。底部钤印"吴南石堂"方形印。

　　"吴南石堂"是明末清初石湾著名店号，以出品素胎香炉、瓶、觚闻名，尤擅仿古造型。其作品多以土质极佳的东莞瓷土制成，款识有"吴南石""南石堂""吴南石堂""南石""南石罗玩雅造"等。明清石湾窑产品多以东莞瓷土和石湾本地山沙作为胎土。东莞瓷土产于水稻田之下，以常平、横沥及马步坳三地所产者最佳，其含铁少，故胎色白。

石湾窑白釉褐斑双鱼形瓶

清早期（1644—1795 年）
高 35.5、口径 9.4、腹径 22.7、底径 13.5 厘米

　　瓶以双鳜鱼为形，鱼头向上，两鱼自嘴部至尾部相连，中空，鱼嘴为瓶口，鱼随形为瓶身。通体白釉褐斑，鱼眼、鱼鳍、鱼身等施褐彩。该瓶形态质朴，富有生活气息，艺术性与实用性兼备。"鳜"与"贵"谐音，"鱼"与"余"谐音，象征"富贵有余"，而将两鱼相连，又有"连年有余"之意。

石湾窑仿钧紫窑变釉觚

清·乾隆（1736—1795年）
高 18.3、口径 11、腹径 6、底径 7.4 厘米

喇叭口，长颈，深腹，腹中部
微鼓，足部外撇，圈足。通体施仿
钧紫窑变釉，底露胎无釉，呈酱褐
色。作品形制仿古青铜器，造型典
雅，挺拔大气，釉色古朴深沉，釉
面匀净润泽，是石湾窑仿钧窑玫瑰
紫窑变釉的佳品。

石湾窑茶叶末釉双耳瓶

清·乾隆（1736—1795 年）
高 17.8、口径 3.3、腹径 10、底径 5.4 厘米

　　直口，长直颈，溜肩，鼓腹，圈足。颈部对称饰变体夔龙衔环双耳。通体施茶叶末釉，底无釉。此瓶造型端庄秀雅，釉色深沉静穆，釉面光亮，玻璃质感强。

　　此瓶得清代官窑茶叶末釉之气韵。茶叶末釉是古代铁结晶釉品种之一，属高温黄釉，经高温还原焰烧成。茶叶末釉起源于唐代黑釉，似为烧黑釉瓷过火而出现的一个特殊品种，不是窑工有意烧制，之后各代相继模仿。此瓶更像乾隆时的"蟹甲青釉"，其为茶叶末釉的一种，釉色偏绿较多，釉面颜色似刚出海的蟹壳。

棱线，厚圈足。通体施石榴红釉，底无
釉。造型古朴雅致，浓艳釉色中带有黑
点，釉面肥润凝厚，为石湾窑仿钧红釉
中的精品。

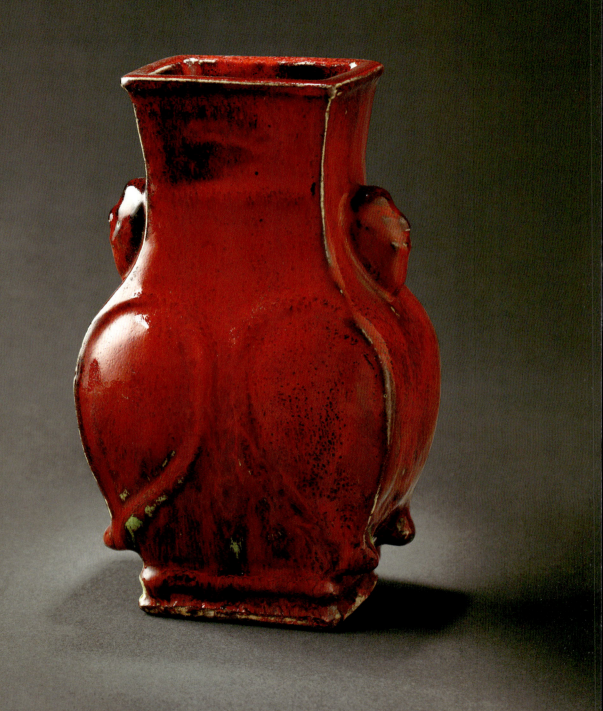

石湾窑绿釉荷叶形挂壁

清·道光（1821—1850 年）
高 25.5、口宽 14、底宽 8.2 厘米
卓文波捐赠

　　挂壁作半瓶形，荷叶口，微鼓腹，背面上部开一方形挂
钩孔。器身纵向勾勒荷叶叶脉，腹部贴塑莲蓬和荷叶，近足
处贴塑水波。正面满施绿釉，釉色明亮，有细小开片，足底
及背面无釉。

石湾窑仿哥釉六棱瓶

清（1644—1911 年）
高 35.5、口径 10.5、腹径 11、底径 10.5 厘米

　　整体呈六角形，撇口，平沿，长颈，深腹，二层台底。颈、肩连接处有凸棱。通体施米白色仿哥釉，釉面密布细碎的开片纹。底部露胎无釉，泛窑红。造型秀美，釉色均匀美观。

　　清代石湾窑传统单色釉更加丰富多彩，几乎所有历代名窑都能仿制，如钧窑、哥窑、官窑、汝窑、龙泉窑、唐三彩等，多用于典雅的艺术器皿上，以造型别致新颖、釉色典雅含蓄、风格独特而受到宫廷青睐，成为广东向朝廷进贡的"贡陶"。

石湾窑"壶隐老人"款绿釉人物纹瓶

清（1644—1911 年）
高 48、口径 16.7、腹径 19.1、底径 16.5 厘米

　　喇叭口，束颈，折肩，直筒形腹，平底内凹。通体施绿色窑变釉，底部露胎无釉泛窑红。颈部绘一周"寿"字花卉纹，瓶身浮雕闹元宵人物故事图，上端印"火树银花"，落款"癸酉暮春壶隐老人制"，并钤印"壶隐老人"方形印。

　　"壶隐老人"即清光绪至民国时期石湾陶瓷名家陈渭岩。陈渭岩（1871—1926年），石湾魁龙里人，名胜，又名惠南，字惠岩，号养云居士、卧云居士，别号诚一道人。擅长人物、动物和器物塑造，作品形神兼备，不少为罕见的佳作，如人物塑像《女尼》《六祖》《孔子》《日月神》等，《日月神》入选巴拿马国际博览会展览；又擅长仿制古代名窑器釉色和造型，如仿宜兴松树画筒、笔筒等。传世作品刻题款用过的印章较多，多用篆书方章，晚年曾以"壶隐老人"别号印款刻于器物上，常见印款有"壶隐老人"楷书方章、"壶隐老人制"刻楷书（常作两排）款识。入室弟子有民国时期石湾陶艺名家潘玉书。

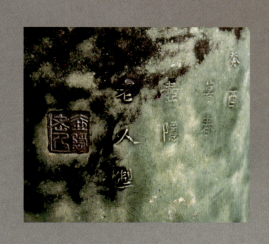

石湾窑 "壶隐老人" 款绿釉人物纹瓶局部

火樹銀花
癸酉暮春
喜慧

石湾窑黑釉八卦纹琮式瓶

清（1644—1911 年）
高 62.3、口径 14、长 17、宽 17 厘米

　　卷唇口，短颈，平折肩，方柱形长身，下承四足。器身每面均饰四个凸起的方格纹，内有八卦纹，相对的两面八卦纹相同，分别为"乾、坎、艮、震""巽、离、坤、兑"。通体施黑釉。整器造型修长，古朴雅致。

　　石湾窑陶器的黑釉以河泥浆、稻草灰、桑枝灰、杂柴灰等制成，淡时呈褐色或酱黄色，黑釉也是石湾窑日用陶瓷中使用最广的一种釉。

石湾窑窑变釉梅瓶

清（1644—1911 年）
高 27.5、口径 4.4、腹径 14.7、底径 9.8 厘米

　　唇口，细短颈，丰肩，圆腹至足部渐收，平底内凹。通体浇施窑变釉，青、绿、褐、黄、蓝、白等色釉在高温熔融下交织流淌，斑驳陆离，内涵深邃。釉面玻璃质感强，开细小冰裂纹。底无釉。

石湾窑仿哥釉玉兰花形花插

清（1644—1911 年）
高 19、口宽 14、底宽 10 厘米

  花瓣口，深腹，镂空三足，外壁贴塑玉兰花造型。通体满施仿哥釉。作品巧妙借鉴了盛开的花卉造型，釉色淡雅，有清新脱俗之美。

  明清石湾窑善于把装饰艺术与器物的实用性结合起来，即把鸟兽虫鱼及各种植物等形体加以变化，使其成为某种实用器皿。花插始烧于明代，正德年间（1506—1521年）流行的花插呈球形、梅花筒形或鼓形，顶部开有多个小圆孔，器身饰青花缠枝莲纹或缠枝花卉纹，有的器物上堆贴露胎的四兽装饰。清代继续烧造花插，器形略有变化，品种更加丰富，有仿哥釉、粉青釉、天蓝釉等。石湾窑花插独具地方特色，造型别具一格，形状模仿自然逼真朴实，充分表现了制作者敏锐的观察力和想象力。

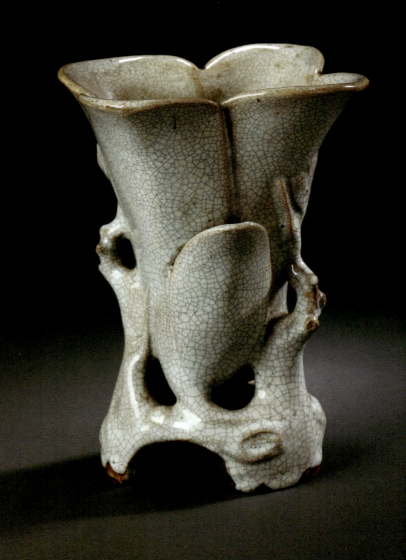

石湾窑仿钧红窑变釉堆贴花鸟纹花插

清（1644—1911 年）
高 43、口径 13、底径 14 厘米

　　整体呈筒形，口沿向内平敛，深直腹，圈足。花插塑成树干形，器身堆塑花鸟。树干施仿钧红窑变釉，花叶施绿、褐、白等釉，鸟施蓝釉。花插形状自然逼真，釉色鲜艳厚润，是实用性和观赏性俱佳的石湾窑产品。

石湾窑虎皮斑釉梅树形花插

清（1644—1911 年）
高 30、口径 10.9、底径 12 厘米

整体呈树干造型，塑以梅枝、梅花装饰。施蓝、褐、绿、月白等釉，混杂交融。花插巧妙地借鉴梅树造型，釉色斑驳悦目，形神兼备。

清康熙时期（1662—1722年），景德镇民窑以黄、绿、紫三色彩釉在器物上晕染成不规则的斑块，烧成后酷似虎皮，俗称"虎皮斑""虎皮三彩"。此花插颇得虎皮斑釉之气韵。

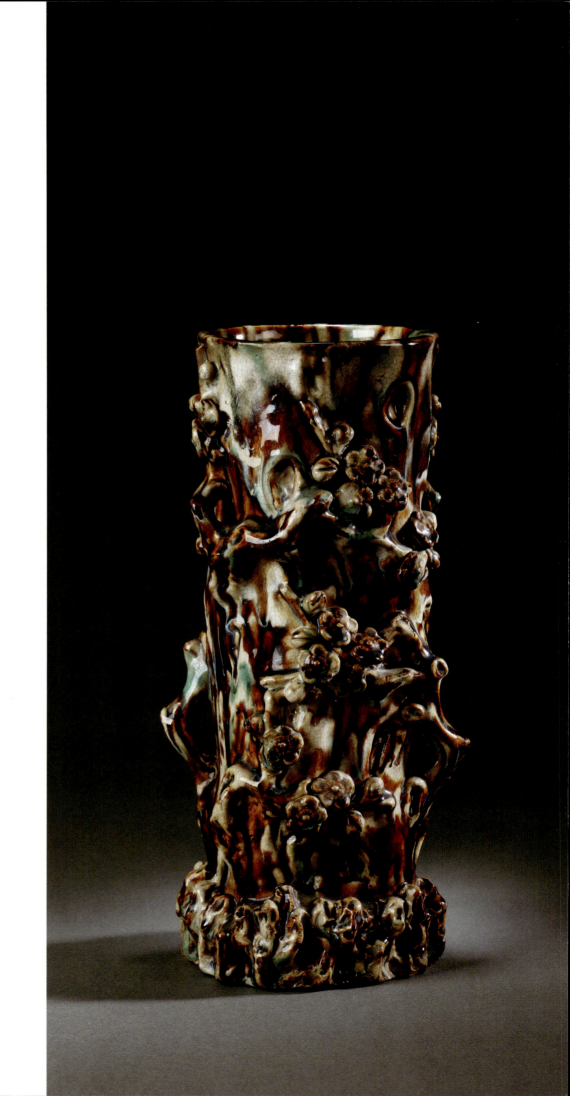

石湾窑"古珍"款多色釉"百福迎祥"字挂壁

清（1644—1911 年）
高 17.2、最宽 16 厘米

    整体呈长方形。正面施多色釉，为一幅立体式墨彩山水画，旁边以铜钱、墨彩花卉等图案衬托，右下角是一幅折叠式的"百福迎祥"四字联。背面平直，上方开一圆孔。素胎。钤"古珍"方印，为清道光至光绪年间（1821—1908年）陶艺名家黄古珍作品。此器物造型独特，色彩明亮，别具一格。

    黄古珍（约1835年—？），清道光至光绪年间石湾陶艺名家，原名黄鉴荣，字鉴清，号樵谷山人，又名黄荣，祖籍石湾七星岗黄家庄，是石湾著名陶塑家黄炳之小叔（但年龄小于黄炳），并受业于黄炳，其店名为"古珍"。他精于制作器皿、文玩，也塑人物、鸟兽，善山水绘画和金石文字，曾为多个店号制作人物花脊。作品以花瓶、挂壁、笔筒之类制品多见，装饰喜作浮雕，添上五色彩釉，清雅而不失活泼。

石湾窑"古珍"款多色釉"百福迎祥"字挂壁

石湾窑苦瓜茄子形挂壁

清（1644—1911 年）

苦瓜长 25、茄子长 26、最宽 10、口径 10.2 厘米

　　挂壁以仿生苦瓜、茄子为造型，头部开口和瓜茎相连。苦瓜
施绿釉。茄子施白釉，白中透紫，表面光滑。背面整体施酱釉，
各有穿孔，便于悬挂。

　　清代石湾艺术器皿造型题材涉及生活方方面面，其中以仿生
造型最为特别，兴盛于清乾隆时期（1736—1795年），有飞禽
走兽、花鸟鱼虫、树干枝叶、蔬菜瓜果等，使石湾窑器皿的适用
性、趣味性、多样性日渐鲜明。

石湾窑玳瑁釉方形花盆

清（1644—1911 年）
高 18、口宽 18.1、底宽 14 厘米

　　整体呈玉兰花形，通体施褐色、酱黄色等色交织混合而成的玳瑁釉。作品巧妙借鉴自然盛开的花卉造型，釉色搭配恰到好处。

當生蟾樓那畫中戊戌秋九作於竹館吟於珍賞古

石湾窑"黄古珍作"款绿釉竹节缸

清（1644—1911 年）
高 36.9、口径 28.5 厘米

  整体呈筒形，口微侈，圈足。器表通施绿釉，器内施酱釉，底无釉。器身仿竹筒状分成三节，节棱上下两侧各饰一排乳丁，节内贴刻竹叶装饰，近口沿处刻行书诗文"寒生绿樽上，影入画屏中。戊戌秋九作于竹吟馆，黄古珍"，并钤印"黄古珍作"方形印。该器是一件实用性与艺术装饰性结合较好的作品。

石湾窑"橘康斋"款蓝釉堆塑竹纹药酒大壶

清（1644—1911 年）

高 59、通宽 48.5、口径 17、腹径 37.6、底径 21 厘米

　　直口，短颈，丰肩，圆鼓腹，胫渐收，平底。肩部两侧饰竹节形耳，与流相对一侧附带状柄。流口饰兽形纹，两侧贴塑竹叶及梅花，腹部开光内刻有"橘康斋少林寺跌打还魂药酒"铭文。器表施蓝釉，釉色明亮。整体造型规整，线条流畅，贴塑纹饰及镂空装饰巧妙美观。

　　清代，毗邻石湾的佛山镇为岭南成药业发祥地。此壶为佛山本地成药作坊向石湾窑定制生产跌打药酒壶的实物见证，具有一定的史料价值。

石湾窑仿钧蓝窑变釉炉

清（1644—1911 年）
高 8.8、通宽 14.5、口径 11.6、腹径 11.9、底径 7.5 厘米

　　侈口，束颈，鼓腹下垂，圈足。颈至上腹部饰对称双戟耳，耳作中空管状。外壁通体施仿钧蓝窑变釉，釉色呈蓝、黑、白三色絮状交融，釉面莹润光泽而不透明，无开片。内壁口沿以下、圈足端及外底不施釉，胎体呈棕色。

　　此炉釉层厚泽，蓝白釉熔融流动，润色光泽，为石湾窑仿钧釉中的上乘之作。

石湾窑酱黄釉凸雕花双耳三足炉

清（1644—1911 年）

通高 13、口径 12.8、腹径 14.2 厘米

　　直口，平沿，双立耳，短束颈，鼓腹，平底，三足。腹部贴塑四条出戟，出戟之间贴塑海棠形花边，内饰盘肠纹，腹部上下各刻划一道弦纹。耳为珍珠地，三足均刻划如意纹。炉外壁施酱黄釉，炉内无釉。整体造型古雅，釉色沉稳。

石湾窑加彩双乳耳小炉

清（1644—1911 年）

高 5.5、口径 7.8、腹径 8.8、底径 5.8 厘米

　　直口，平沿，短颈，两肩各附一个乳耳，圈足。口沿及近底处各绘一周红地花叶纹，颈部及下腹各绘一周蓝地青红花卉纹，器身中部满绘黄地绿彩菱形十字花卉。底露胎无釉，彩绘"宣德元年"款，为仿明代宣德铜炉形制的陶炉。

　　这是一种低温彩绘陶器，是石湾窑仿彩绘瓷器的一种新颖的尝试。

石湾窑彩绘香炉

清（1644—1911 年）

通高 11.3、口径 15、腹径 17.1 厘米

　　敞口微侈，平沿，口沿上置双桥耳，束颈，扁圆腹，圜底，三足。炉身施月白釉，釉面密布冰裂纹，三足端不施釉。上腹部绘红、绿相间的多重莲瓣纹，间以蓝彩点缀；下腹部绘蓝瓣皮球花一周，间以红彩点缀。炉造型古朴，色彩鲜艳，相得益彰。

石湾窑绿釉陶几

清（1644—1911 年）
高 6.1、面径 12、腹径 13.5、底径 12.7 厘米

　　整体呈圆鼓形，腹部镂空，三重圆圈纹交互重合，圆圈纹上下各饰一周鼓钉纹。通体施绿釉，内底部无釉。造型小巧精致。

石湾窑"祖唐居"款米黄釉藤编形椭圆几

清（1644—1911 年）
高 7.2、几面长径 20、几面短径 16.5 厘米

　　几面呈椭圆形，几身制成仿藤编缠绕效果，底足为四个方形凸足分布于四角。通体施米黄釉，釉质温润，釉面密布冰裂纹。底钤有椭圆形"祖唐居"楷书印款。小几造型精巧别致，色调素净淡雅，是石湾窑中难得的精品。

石湾窑青釉三足器座

清（1644—1911 年）
高 5.4、口径 10.6、腹径 11.8 厘米

　　整体呈鼓形，座面略凹，浅腹，底承三如意足。座面饰镂
空金钱纹图案，口沿饰弦纹两周，腹部印锦地开光梅花纹，对称
浮雕"寿"字，间饰乳丁。器表施青釉，座面施黄釉，"寿"字
施红釉。足端露胎，胎呈棕色，质地粗松。此器小巧精致，古朴
典雅。

石湾窑青釉三足器座

清（1644—1911 年）

高 5.4、口径 10.6、腹径 11.8 厘米

石湾窑窑变釉荷叶形笔洗

清（1644—1911 年）
高 3.6、长 19、宽 18.5 厘米

整体呈浅荷叶形，满施窑变釉，呈褐、白、蓝色相间斑点纹。三乳丁状足，足间饰浮雕壁虎图案。整体造型简洁而形象。

石湾窑水洗、花插、挂壁等艺术器皿以实用或陈设为主要功能，经过精心的造型设计和釉彩装饰，形成了兼具实用性和艺术性的独特风格。

石湾窑酱色釉石山

清（1644—1911 年）
通高 9.8、长 19.5、宽 19 厘米

　　整体形制仿太湖石造型，通透，嶙峋，形象逼真。通体施酱色釉，底刻"袖中绿石作"行书款。

　　清末，石湾窑艺人将亭台楼阁、山石树木、人物花鸟等通过微塑手法浓缩为小巧的盆景，独创了微塑这一艺术类别，表现了他们精妙高超的造型能力。

石湾窑褐绿釉蟹篓

清（1644—1911 年）
高 8.7、口径 7、底径 11 厘米

　　此为蟹篓摆件。蟹篓从口沿至底部渐宽，肩部左右各附一圈耳，篓身呈镂空编织状。蟹篓上贴塑两只螃蟹，早已迫不及待地从蟹篓爬出，于外壁相对爬行，似乎将要汇合。篓身素胎不施釉，两蟹分别施以绿釉和褐釉。作品生动而富有生活气息。

石湾窑红釉蚌形盆

清（1644—1911 年）
高 11.5、长 34.5、宽 28.5 厘米

　　盆呈蚌形，下承三足。通体施红釉，三足露棕色胎。底有三印，其一为"万物得时"方印，其余两印淌釉，不甚清晰。此盆胎骨厚重，釉面肥厚滋润，造型生动自然，逼真朴实。

石湾窑钧红釉大虾

清（1644—1911 年）
高 10、长 29、宽 13 厘米

　　器呈龙虾造型，黑眼睛，大口，伏地，带底座，形象而灵动。通体施钧红釉，底部露胎不施釉。为清代晚期作品。

石湾窑石榴红釉狮子

清（1644—1911 年）
高 27、长 30 厘米

　　狮子作匍匐状，臀部高耸，昂首张嘴，两眼圆睁，活泼可爱。作品全身施以石榴红釉。
　　动物陶塑是石湾窑仅次于人物塑像的一个重要类别，清代兴起，题材主要是神话传说中的祥禽瑞兽和现实生活中的飞禽走兽，造型生动活泼，惟妙惟肖，又寓意吉祥，为社会各阶层所喜爱。

石湾窑仿钧蓝窑变釉鹰

清（1644—1911 年）
高 27.6、长 37 厘米

　　鹰屈脚栖于石上，抬头张目向远处张望，神情放松而不乏精
气神，貌似刚经历过一场艰辛的捕食或者厮杀，正稍作休息。鹰
通身施仿钧天蓝窑变釉，釉色灵动；鹰爪、石头施褐釉，釉色沉
稳。作品色彩配合得当，形神兼备。

石湾窑黄炳作素胎金丝猫

清（1644—1911 年）
高 12.5、长 20 厘米

  作者以巧妙的手法塑造出一只准备发起捕鼠之势的金丝猫。金丝猫聚精会神，头放低前探，目不转睛地紧盯猎物，耳朵警觉地竖起，显得高度紧张。四脚稍蹲，作前扑状，尾稍卷曲。用胎骨出毛的技法刻划猫毛，极为细致，几以乱真。作品为素胎，胎泥为当地黄泥，烧成效果正契合金丝猫的毛色。作品形神兼备，当地群众口耳相传的"黄炳所做的猫，老鼠看见都害怕"实不为过。

  黄炳（1815—1894年），一说生于清道光二十年（1840年）前后，卒于20世纪20年代。字云渠，别号云屿，又号海湾居士。黄炳擅长制作鸟兽和人物，尤精于塑造鸭、猫和猴子。同时他也是一位画家，吸取了国画中画鸟兽羽毛和点睛的画法，用于立体的雕塑上，创造了陶塑胎毛和点睛的技法。他还注意炼泥，利用石湾本地红泥土，经过多次淘洗，胎质滋润而坚致，用之塑造素胎猫等动物，表现力强，易于刻划出细致的线条，更加传神逼真。黄炳特别注重猫眼的刻画，采用搓珠、镶眼、点睛等技法，非常逼真。黄炳对于石湾案头艺术陶塑的兴起有着重要的贡献。

石湾窑黄炳作素胎金丝猫

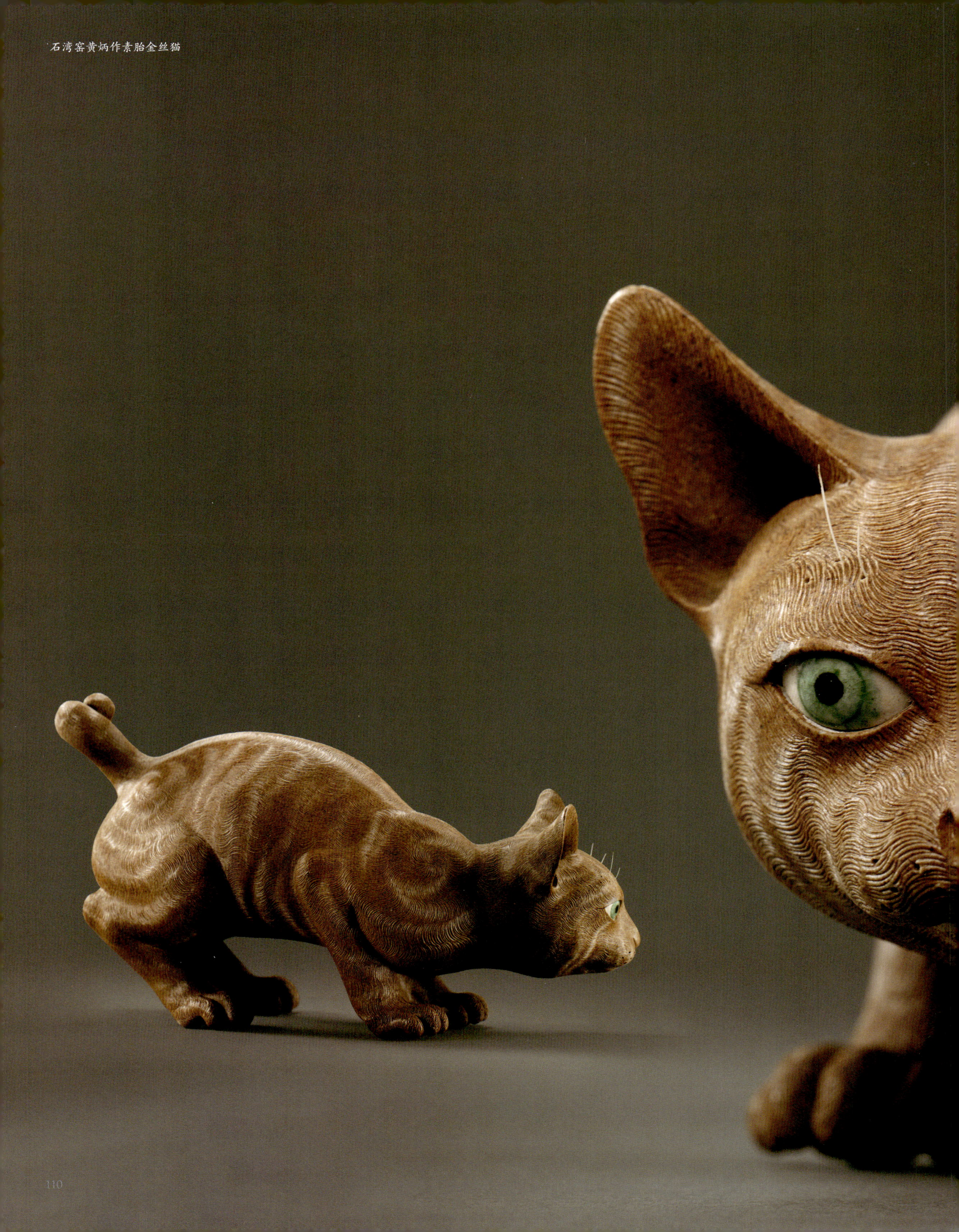

石湾窑"黄炳"款青白釉鸭

清（1644—1911 年）
高 11.5、长 19 厘米

　　鸭作卧状，双掌收于腹部，头部作回首状，鸭嘴轻靠在羽翼上。鸭身施以青白釉，羽毛刻划细致，眼睛、鸭嘴、鸭爪均施褐釉。腹下刻"黄炳"楷书款识。作品造型比例合理，釉色朴实，形神兼备。

　　该作品为黄炳代表作之一。黄炳作品以"黄炳猫""黄炳鸭"著称，所塑之鸭作游弋状，两掌仿佛前后活动，羽毛刻划细致，显得细毛茸茸，非常逼真。

石湾窑仿舒釉水鸭

清（1644—1911 年）
高 8.9、长 25 厘米

　　鸭作卧状，双掌收于腹部，头稍侧于一边。鸭身施以仿舒釉，用褐彩绘出眼睛、羽毛、鸭掌等部位。作品造型生动，羽毛采用了夸张手法，形神兼备。

　　此鸭虽无款识，但经考证是黄古珍传世作品，深受黄炳陶塑动物技艺的影响。

石湾窑白釉太白醉酒倚缸像

清（1644—1911 年）
高 17.1 厘米
蔡语邨捐赠

　　李白为卧姿，闭目垂须，头戴官帽，身穿官服，身倚靠酒坛。人物衣衫、酒坛施月白釉，官帽、发须、腰带和靴履施黑釉，脸部为素胎。缸正面一方印章，因釉浓看不清。匠人将李白的神形雕塑得贴切得当，展现了李白独有的酒脱的文人气息。

　　李白（701－762年），唐代著名诗人、书法家，也是唐代酒中八仙之一。他诗中饮酒的豪语无人能比，如"会须一饮三百杯""与尔同销万古愁""穷愁千万端，美酒三百杯""百年三万六千日，一日须倾三百杯"，可称千古酒人豪语之最。

石湾窑素胎仿根雕达摩立像

清（1644—1911 年）
高 25.1 厘米

　　达摩广额深目，满脸虬须，一手捧莲叶、莲蓬，跣足而立。采用素胎仿根雕技艺，将达摩身体、衣服塑造成根雕状，凹凸起伏的天然肌理与身体、衣服完美融合，古朴而生动。仿根雕陶塑技艺是石湾陶塑的独特技法，多用于人物、器皿的塑造。

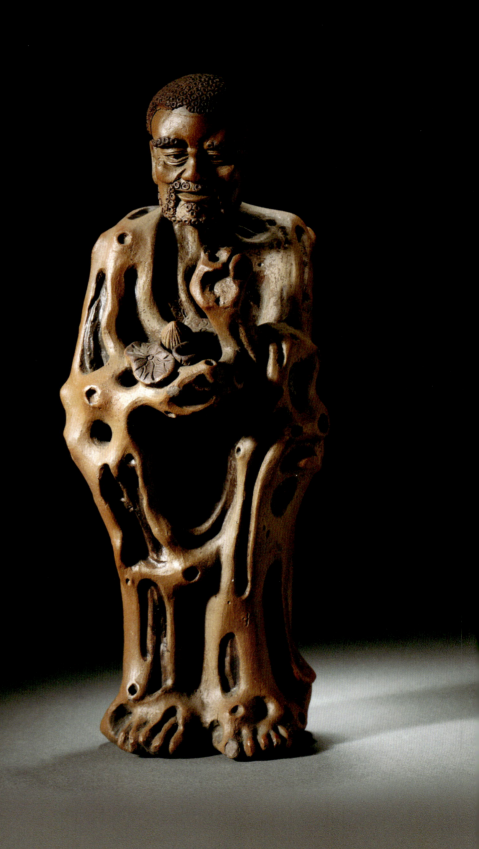

石湾窑石榴红釉和合二仙坐像

清（1644—1911 年）

高 22 厘米

　　作品为和合二仙坐像。两个童子头梳双髻，相依在一起，目光对视，脸庞清秀，笑容可掬。一人持酱釉宝盒，一人双手合捧绿釉金蟾。两童子面部、颈部、胸前、双手为素胎，衣袍施石榴红釉，发髻施黑釉，其中一位发髻上施蓝釉。和合二仙是汉族民间传说之神，主婚姻和合，故亦作和合二圣。和合二仙通常塑造成两个蓬头、笑面、赤脚的小孩模样，一个持盛开的荷花，一个捧有盖的圆盒或一如意（宝珠），"荷""盒"取谐音"和合"之意。

　　"和合二仙"是石湾陶塑人物造像中常见的题材，形制不一，釉色各异，有案头摆件、供奉之品，有时也塑于屋头瓦脊上。

石湾窑石榴红釉铁拐李坐像

清（1644—1911 年）
高 21.9 厘米
蔡语邨捐赠

　　铁拐李右膝屈起盘坐于葫芦上，右手持扇搭于右膝，头戴发箍，络腮胡子，瘦骨嶙峋，左肩斜披袈裟，右肩袒露，仰望斜上方。此像眉眼、须发均施褐釉，鞋履为酱黄釉，衣袍施石榴红釉，发箍及葫芦施青白釉。该作品人物造型独特，红釉和青白釉形成鲜明的色彩对比。

　　铁拐李是中国古代神话传说中道教八仙之一。据说有一次神游时肉体误被弟子火化，归来时无所依归，乃附于一具饿死者的尸体上，形象就变成蓬头垢面、袒腹跛足的行乞者模样，并用原来饿死者倚身的竹杖点化成铁拐，由此称作"铁拐李"。葫芦是铁拐李的法宝。据说他坐在葫芦上就犹如乘帆艇，任意逍遥。

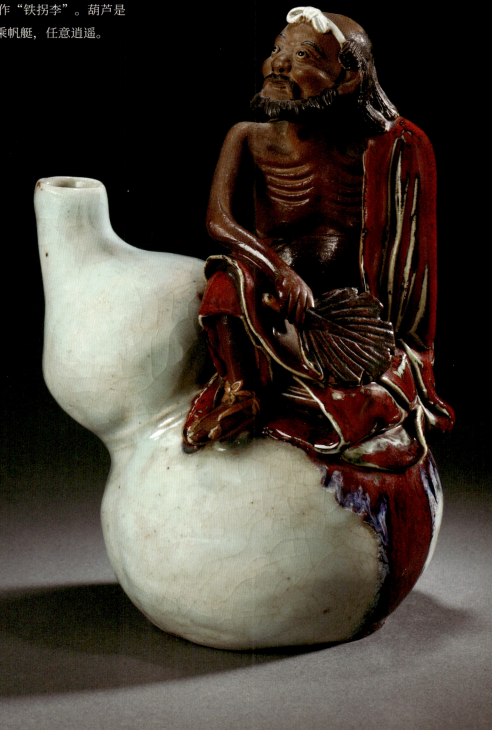

石湾窑石榴红釉铁拐李坐像

清（1644—1911年）
高28厘米

　　铁拐李左腿盘屈坐于石上，戴头巾，满脸络腮胡子，头微仰，目视前方，袒胸，一手扶着酱褐色葫芦，一手搭着坐石。脸部及其他露出肌肤处为素胎，外袍施石榴红釉，毛发、鞋履施黑釉，葫芦施酱釉，头巾、坐石施蓝色窑变釉。

石湾窑多色釉日魁香插

清（1644—1911 年）
高 21.8 厘米

　　日魁被塑成一位男性老者形象，背部附一香插。戴高冠，披斗篷，着五色长袍，穿长靴。双眼平视，嘴角上翘，黑须飘于胸前，神情昂扬。左手高举铜镜，铜镜上书"日"字，右手提斗篷，脚踏祥云。面部施白釉，其他部位施蓝、黄、红、绿、黑等釉，釉色明丽凝厚。与其相对的往往还有一个月神，则是塑造成女性的形象。

　　在中国珠江三角洲、港澳，以及东南亚一带，石湾陶塑日、月神也常见安放在庙宇、祠堂等建筑的屋脊上作装饰，以此希望日、月神保护建筑，庇护民众。

石湾窑"广州石湾陈渭岩塑"款白釉持蛤童子立像

清晚期—民国早期（19 世纪中叶至 20 世纪初）
通高 59.5 厘米

孩童站立在石座上，左手持一小蛤，右手握拳竖起大拇指。脑门宽阔，双眼眯笑，两耳肥大，头留一桃形发盖。上穿兜肚，下着长腿宽裤，腰系一宽布腰带拖至膝部，脚穿布鞋。人物衣服施白釉稍泛黄，孩童肌肤露胎为黄白色，石座施褐釉。石座一侧留一长方空白，上凸印"广州石湾陈渭岩塑"八字楷书款。孩童的神态和动作写实生动，为大众喜闻乐见。

石湾窑素胎罗汉立像

清后期—民国时期（1840—1949 年）
高 25.7 厘米

　　罗汉身穿长衫，头戴斗笠，一手持铃，一手藏于衣袖，长身而立。高鼻浓眉，留络腮胡，双目圆睁，目视前方。立像内壁钤有方印"霍津造"，圆印"霍津"。此像整体为素胎，面部塑造细腻，人物容貌威严，栩栩如生。

石湾窑"佐朝作"款蓝釉老人读书像

清末—民国早期（19世纪末至20世纪30年代）
高 10.3 厘米

　　老者头戴文人巾，身着浅蓝色宽袖长衣，坐于石上。左手持书，留三义短须，满脸皱纹，两眼吃力地看着书，形象逼真。此像老人皮肤及石座施酱釉，眉眼须发、帽子、鞋子、书籍施黑釉，外袍施蓝釉，裤子施绿釉。石座后下方刻行楷"佐朝作"三字款，上盖一长方形楷书印"刘胜记"。

　　"刘胜记"由石湾公仔大师刘辉胜（1864—1939年）创立，经营石湾公仔、日常器皿等。刘辉胜继承了祖辈的"山公"技艺，运用"胎骨"技法，按照人体骨架比例塑造石湾公仔，所塑造的人物骨骼劲健，人体比例匀称，神态逼真。其子刘佐朝、刘伟棠，学徒林棠煜，皆是承上启下的石湾工艺大师。

　　刘佐朝（1890—1933年），名社同，广东佛山顺德人，清光绪至民国年间石湾陶塑名家。少年时爱好文学艺术，擅长塑造小型人物，所塑人物多取材于日常生活和动作，神情动态刻画入木三分。表现手法与艺术风格受清代画家任伯年影响。后世石湾陶艺名师刘泽棉、刘炳、刘国成等均为其后裔。

石湾窑"陈渭岩制"款
素胎六祖坐像

清晚期—民国早期（19世纪中叶至20世纪初）
通高 14.5 厘米

　　六祖闭目盘坐于石座上，神态慈悲祥和。身穿袈裟，衣领露出的胸口瘦骨嶙峋，展现了苦修形象。此像以素胎装饰为主，袈裟刻划衣纹，眉毛、衣领、骨骼、衣纹等以褐彩勾勒，座石施褐釉。石座后刻方印"陈渭岩制"篆书款。

　　据说陈渭岩曾得重病，其母亲在广州六榕寺向六祖许愿，若儿子大病能愈，将为六祖做一百个塑像以还愿。陈渭岩痊愈后，做了一百个六祖坐像，最后再塑造一大型六祖坐像，以示对六祖的虔诚。

134

石湾窑"伍朝光"款素胎六祖坐像

民国时期（1912—1949 年）
通高 27.5 厘米

　　六祖双手相叠于膝，盘坐于石座上。光头大耳，眼微合，面部慈祥。身着袈裟，胸部筋骨袒露。衣纹精细讲究，衣褶流畅，袈裟正面的袖口、衣边饰回纹和联珠纹，背面饰菱形格纹。坐像素胎，回纹衣饰及石座施酱釉，左胸前圆环所施酱釉釉色光亮，似玛瑙。座前横书"中国禅宗六祖慧能像"，座后外壁刻"伍朝光"篆书方印。伍朝光未见著录，但从造像风格、胎质看，应属民国时期的作品。

石湾窑白釉布袋佛坐像

民国时期（1912—1949 年）
高 7.3 厘米

　　布袋佛袒胸露腹，身披袈裟，斜倚着布袋席地而坐。头圆慈祥，开怀大笑，肥厚的下巴几垂至胸，耳垂至肩。衣服施白釉，头部、手足及露腹处用胎骨泥制作。佛像的衣纹、表情雕塑传神，耐人寻味。

　　民间传说布袋佛是弥勒佛的化身，其一般是光首、笑口、肥头硕耳、大腹便便的形象。头大、耳大、肚大、手脚大等五"大"特征，代表着欢喜、长寿、福气、健康等吉祥寓意。

石湾窑"潘玉书制"款
青白釉伏狮罗汉像

民国时期(1912—1949 年)
高 9 厘米

　　罗汉身披袈裟，昂头闭目
倚靠在睡狮身上，一手托脸，神
情超然物外。罗汉的头部和手素
胎而作，袈裟和狮子施青白釉。
袈裟衣纹简单流畅，狮子体态温
顺。底钤有"潘玉书制"方印。

石湾窑"潘玉书制"款青釉老人像

清末—民国早期（19世纪末至20世纪30年代）
高18厘米

老人身着长袍，背微驼，跷起二郎腿，双手交于膝，悠然坐于石上。头扎发髻，皓首长髯，寿眉弯垂，微张双目，侧倾前望，面目平和。脸、手部素胎而作；眉毛、须发等施白釉，突显其年龄特征；衣衫施青釉，衣纹生动、流畅，并有下垂感和立体感；石头施褐彩，青釉衣服与褐色石头形成对比。作者将老人的饱经风霜和沉稳气质表现得淋漓尽致。内壁钤"潘玉书制"篆书方印。

潘玉书（1882—1938年），名麟，号玉书，广东南海九江河清村人，清光绪至民国年间石湾陶塑名家。潘玉书的作品具有浓郁的书卷气，含蓄典雅，洗练脱俗，极富艺术魅力。他擅长塑造人物，包括历史人物、佛像、道士、仕女和百姓，尤以仕女见长。他既灵活运用石湾陶塑的传统技法，又善于借鉴西洋的雕塑技巧和绘画艺术，所塑造的人物形象结构严谨，刀法明快，线条简洁流畅；注重人物脸部表情的刻画，手法细腻，通过面部线条的变化来表现人物的神采和情绪；人物衣饰塑造手法独到，衣纹简练顺畅，飘逸潇洒。

石湾窑"佐朝制"款仿哥釉米芾拜石立像

清末—民国早期（19世纪末至20世纪30年代）
高 16.6 厘米

　　米芾身着宽袖长袍，颈带串珠，脚穿木屐，鞠躬作揖，一副痴迷模样。人物衣袍施仿哥窑釉彩，脸部和裸露的肌体采用胎骨刻画，木屐施钧蓝釉。底部钤有长方形"石湾刘胜记"和"佐朝制"款。

　　米芾（1051—1107年），初名黻，后改芾，字元章，自署姓名米或为芈，醉心于品赏奇石，人称"石痴"。他任无为州（今安徽省无为市）监军时，听说城外河岸边有一块奇异的怪石，见到此石后，米芾大为惊奇，竟跪拜于地，口称："我欲见石兄二十年矣！"于是，米芾让人将石头搬到了府衙中，为其准备好了供品，经常祭拜，并尊称此石为"石丈"。

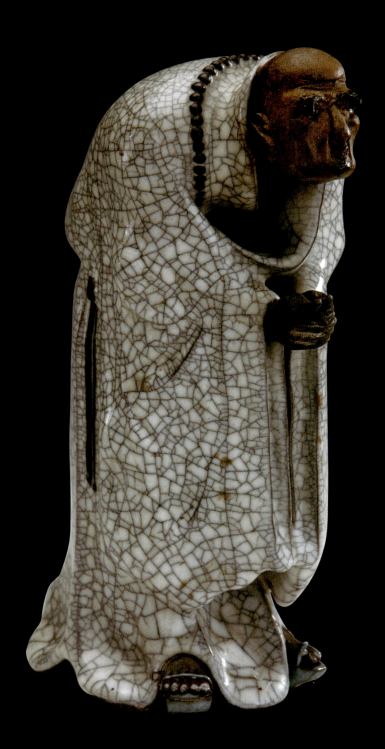

石湾窑"林棠煜造"款石榴红釉佛像

民国时期（1912—1949年）

高 51.1 厘米

　　佛头结螺发，双目下垂，身披袈裟，赤脚而立，两手于胸前施佛印，神情虔诚。袈裟施石榴红釉，因窑温过高造成飞釉。面部、前胸、双手素胎呈胎骨原色。佛像刻画细致生动，衣纹简洁流畅。底内钤两个"林棠煜造"篆书方章款及一个行草"草堂居"款。

　　林棠煜（生卒年不详），民国时期人，擅长雕塑人物，受雇于"刘胜记"店，学习石湾陶艺名家刘佐朝技法，故风格与刘佐朝相近。草堂居为堂号。

石湾窑"刘永传造"款红釉关羽像

民国时期（1912—1949 年）
高 23.8 厘米

　　关羽身着红袍，跷起二郎腿坐于石上挑灯夜读。长须飘于胸前，神情凝重，气宇轩昂。衣袍施红釉，帽、长须及石座施酱釉，书本和油灯施月白釉，釉色莹润，色彩对比强烈。底内部钤有"刘永传造"篆书方印。

　　刘传（1916—2000年），又名刘永传，现代石湾陶塑名家。他继承了潘玉书细腻文雅的传统技法，又注意在生活中细心观察，提炼生动传神的人物形象，突破了民间艺人"千人一面"的局限。他在民国时期已有盛名，其作品曾在英国伦敦博览会上获得好评。1979年被授予国家首批"中国工艺美术大师"称号，是20世纪石湾陶塑艺术承前启后的一代宗师。

石湾窑"长人"款多色釉瘦骨仙戏猴像

民国时期（1912—1949 年）
通高 26 厘米

　　瘦骨仙瘦骨嶙峋，披树叶裙，右手捧桃，左手撑石，屈双腿，赤脚坐于石上。一猴坐于其肩上，正为其挖耳，似触到痒处，瘦骨仙龇牙咧嘴，表情十分传神；身右边另一猴在啃桃子，相互呼应。树叶裙施黄绿釉，全身裸露处为黄褐色素胎，筋骨刻画细致。两只猴子薄施白釉，透出胎骨刻划的毛发纹理感。石座背后刻有篆书葫芦形印"石湾"和方印"长人"。"长人"应该是作者的名字，尚未见著录。

石湾窑"霍津"款素胎卧水牛

民国时期（1912—1949 年）
高 23.5、长 48、宽 25 厘米

　　牛卧于地上，昂首张望。通体素胎，胎色灰褐。牛的眼睛、鼻子、角、蹄部用石墨着色，牛眼塑造得神气活现。牛毛使用胎毛技法，刻划得细微逼真，颇得黄炳胎毛技法之精髓。底有篆书小方印章"霍津"款。霍津塑造的牛被石湾人亲切地称为"霍津牛"，与"黄炳鸭"一样，都是石湾动物陶塑的名品。

石湾窑刘泽棉作王冕坐牛读书像

1978 年
通高 30、通宽 33 厘米

　　作品塑造了王冕少年时期放牛也不忘读书、求知若渴的形象。王冕衣服和书籍施白釉，牛施酱釉，鞋帽施黄釉，头巾施蓝釉。牛角挂着的书籍以及王冕手持的莲叶，使作品细节更加生动和细腻，很好地烘托了田野放牛读书的场景。

　　王冕是元朝画家、诗人、书法家、篆刻家。他出身贫寒，靠自学成才。年轻时一度热衷功名，屡应举不中，遂绝意仕途，浪迹江湖。王冕工诗善画，尤以墨梅知名。

　　刘泽棉（1937年—），生于石湾陶艺世家，是民国石湾陶艺名店"刘胜记"的传人，荣获"亚太手工艺大师""中国工艺美术大师"等荣誉称号。刘泽棉的陶塑人物圆润厚实，刀法严谨细腻，既有传统石湾公仔的古朴韵味，又融入了西方雕塑的精髓，力求"在传统的基础上有所发展和提高，以表现时代的精神和风貌"。

石湾窑钟汝荣作素胎"西瓜刨卖西瓜"像

1992 年
高 26 厘米
钟汝荣捐赠

　　龅牙老汉坐于凳上，上身裸露，跷二郎腿，一手捧西瓜，一手拿蒲扇。板凳上放一秤杆、两块瓜，凳下放置三个西瓜、一秤砣，可见是一位卖瓜汉。作品以胎色突出人物的肌理质感，其余物品运用近于实物的釉色，给人以强烈的视觉感受。作品贴近生活，以夸张的表现手法塑造人物，生动展现了人物妙趣横生的瞬间形态。像背部题字"西瓜刨卖西瓜 壬申年夏月于石湾汝荣精制"，椭圆篆书印"石湾"，小方印"钟汝荣"，大方印"云峰画苑鉴玺"。

　　钟汝荣（1956年—），生于广东佛山石湾，祖籍肇庆高要，中国工艺美术大师、中国陶瓷艺术大师、高级工艺美术师。其陶艺作品认真吸取各类艺术形式的长处，继承和发扬石湾陶塑古雅朴拙的传统特点，融合现代审美理念。作品题材着重表现田园、市井风情，擅长塑造社会底层各种小人物。

153

石湾窑庄稼作白釉"芭蕾之诗"像

1995 年
通高 31.5、人像高 28.5、座宽 9.5 厘米
庄稼捐赠

作品塑造了一位正在跳舞的芭蕾舞者，身姿如诗歌一般优美。其头发精致盘起，面容姣好，神态自若，双手舒展，单腿站立，迎风起舞，衣裙飘飘。塑像通体施白釉。作品表现出芭蕾舞者优美的舞姿，这种人体比例的协调美也体现了石湾陶艺生产技术上的突破和创新。底座印有"石湾庄稼""桃花源窑""陶""特礼作品之陶"款，底部黑釉上刻"芭蕾之诗 庄稼精品"。

庄稼（1931—2006年），广东普宁人，中国工艺美术大师。1953年开始从事陶艺创作，师承石湾陶塑技艺大师刘传。庄稼认真钻研石湾传统技法，融会西洋雕塑的长处，努力深入生活，坚持"先师造化，后师古人"，为石湾公仔表现现实题材开拓了新路，给古老的传统艺术注入清新的时代气息。

石湾窑梅文鼎作素胎"心花怒放"瓶

1999 年
高 46、最宽 35 厘米
梅文鼎捐赠

　　直口，桶形身，平底。瓶身刻划荷叶作底纹，贴塑一条条细长的荷花梗至瓶口，连接着朵朵盛开的荷花。瓶身以素胎展现荷叶以及荷花梗的肌理质感，施酱釉；瓶口的荷花花瓣浅点粉釉，花心莲蓬点绿釉，增添了几分灵动色彩。近底处有"梅文鼎"篆书方印。作品以盛开的荷花表现人的欢乐心情，别具匠心。

　　梅文鼎（1940—2020年），广东台山人，中国工艺美术大师、中国陶瓷艺术大师、高级工艺美术师。1962年于广州美术学院毕业后进入佛山石湾美术陶瓷厂，师从石湾陶塑技艺大师刘传，对石湾陶塑技艺具有独到的理解与认识。其将石湾传统陶塑捏、塑、刻、画等技法及丰富的颜色釉与现代陶艺的艺术表达相融合，使作品具有鲜明的地域特色，显示出古雅朴实、简洁明快的艺术风格。

石湾窑刘国成作褐釉"南风古灶"陶塑

2008 年
高 18、长 44、宽 21 厘米
刘国成捐赠

　　作品通过微雕的手法表现古时的南风古灶，泥砖结拱，依山而建，窑上搭棚，遮挡日晒和风雨，棚内堆满烧制的陶器，工人忙碌于其间。窑尾处高大的榕树倚窑而生，郁郁葱葱，寓意南风古灶亦像生机勃勃的榕树一样长盛不衰。窑棚、墙砖、树干等多处施褐釉，展现出南风古灶的古朴沧桑。作品背面墙砖上钤有一椭圆形篆书印"石湾"和方形篆书印"刘国成作"，旁边长方形黑釉上刻有"第四代陶艺世家 刘国成 原作 2008"。

　　南风灶窑址是石湾明代烧制陶器的著名龙窑之一，明正德年间（1506—1521年）始建，沿用500余年，是至今仍在使用的国内罕见的古龙窑。

　　刘国成（1946—2008年），广东佛山顺德人，生于陶艺世家，是佛山石湾山公微塑的第四代传人，祖父刘辉胜，父亲刘伟棠。他九岁随父学艺，在传统技艺基础上追求新意，形成了自己独特的风格。他擅长人物、动物、各式木船、竹排、茅屋、亭台楼阁及山水盆景壁画等，其作品以古拙、朴实、意趣生动而深受各界人士喜爱。

石湾窑刘国成作褐釉"南风古灶"陶塑

广彩瓷器

广彩瓷器，是我国清代专门为了外销而出现的一个釉上彩独特品种，也称为广州彩瓷、广州织金彩瓷。这一品种出现于康熙、雍正之间，盛于乾隆、嘉庆之际，发展于清晚期，并流传至今。当时为适应外销的需要，将景德镇所烧的素瓷坯运到广州后，根据外商的需求，加以彩绘，再经 700~750℃烘烤而成，然后直接在广州装船出口。广彩的彩绘融会了五彩、粉彩和西方绘画的技法，由于广彩瓷器主要是为了外销而生产的彩瓷品种，因此注定了广彩瓷器具有显著的中西合璧的特征：一方面纹饰更多地模仿西方的艺术形式，以浓烈的色彩和弯曲曼妙的线条，迎合当时西方人的审美情趣，不少作品体现出浓厚的巴洛克和洛可可艺术风格；另一方面又充分体现出中国传统人文意识、岭南自然风物等特点。纹饰图案有花鸟、人物、纹章、风景庭院等。

雍正至乾隆时期的广彩色彩丰富，金彩使用相对较少，纹饰题材多样，呈现出"式多奇巧""岁无定样"的风格。嘉庆、道光以后逐步以红、绿彩为主，大量使用金彩，以大红、大绿、大金形成绚丽的格调，纹饰程式化特征开始形成。同治、光绪以后纹饰丰满，用彩华丽，形成金碧辉煌、绚彩艳丽的特点。

17 世纪末至 18 世纪，广彩瓷器的外销市场主要是欧洲。到 18 世纪末，因欧洲各国的制瓷产业兴起，其时又适逢中美航线开通，广彩瓷器的外销市场从此转向以美洲尤其是美国为主。

清末至民国初期，广彩瓷器在延续传统风格的同时，因岭南画派画家们的介入而出现了另外一种风格——在瓷器彩绘画中融入中国画的技法，使广彩画面中出现了类似浅绛彩和新彩的特点，还出现了暗寓政治性的题材，这种短暂的探索为广彩的发展注入了新的活力。民国中期以后，因战乱等原因，广彩瓷器的生产大受冲击，多移至港澳等地，此时广彩瓷器的纹饰又恢复到传统风格。

中华人民共和国成立后，在人民政府的正确领导和大力扶持下，从港、澳回穗参加祖国建设的广彩技术人员和内地的技术人员一起，共同创造了广彩瓷器的新辉煌。

广彩瓷器是在特定的历史背景下产生的外销瓷品种，因而独具个性与魅力。它一方面以中国元素吸引了追逐中国趣味的西方人，另一方面又融入西洋元素来迎合西方品位。广彩瓷器成为中西文化互动和交流的载体，兼容了东西方文化的内涵，体现出人类文化与审美的多样化。

广彩"五羊山居"铭花鸟纹碟

清雍正七年（1729 年）
高 2、口径 11.3、底径 6.5 厘米

　　敞口，浅腹，浅圈足。碟沿绘浅绿四方锦地开光边饰，三个开光内绘卷枝花卉纹。碟心粉色"人"字锦地菱花形开光内绘山石、牡丹和山雉，右侧题有铭文"己酉小春偶写于五羊山居"，落红彩印章"山人"款。由此可知，此碟为清雍正七年在广州彩绘。此碟胎质极为轻薄，透可见光，绘画笔触细腻，色彩鲜艳，纹饰生动。纹饰风格与同时期景德镇粉彩瓷器风格相近，在工艺上亦呈现出与广珐琅（铜胎画珐琅）互有借鉴的特点，是早期广彩的珍品。

广彩开光人物纹瓶

清·雍正（1723—1735年）

高 36.3、口径 17、腹径 18、底径 14 厘米

盘口，束颈，弧形腹，足部稍外撇。口沿以蓝彩、墨彩、矾红、描金绘龟背锦地边饰一周。颈部前后两个对称菱形开光，开光内绘山水风景图。肩部略凹，以墨彩及矾红绘两层锦地带状纹饰，上层为带点联珠纹锦，下层为八角添花锦。腹部菱形开光内绘"满大人"纹饰，庭院中几位清朝服饰官员正在交谈，仆从随侍在侧，旁边还有妇人牵着孩童。足部以墨彩及矾红绘一周"万"字锦纹。

广彩瓷器中的"满大人"纹饰，主要流行于清雍正至嘉庆时期，以清乾隆时期最盛，清道光以后式微。其通常描绘的是着清装的男子与女子在一起的庭院生活场景，营造出休闲、愉悦、欢快的氛围。"满大人"是来自英文单词 mandarin 的译音，出现在16世纪的明代晚期，是欧洲最早进入中国的葡萄牙人对中国官员的称谓。此后的明清时期，所有西方人都沿用了这个称谓，与我国的少数民族满族之间并不存在任何关系。17—18世纪是欧洲中国热最为流行的时期，中国元素最主要的载体是中国瓷器，因此绘有"满大人"图案的中国瓷器十分受欢迎。

广彩山水人物图盘

清·雍正（1723—1735 年）
高 4.4、口径 38.8、底径 22 厘米

　　宽折沿，浅平底，卧足。口沿饰麻色花叶纹，板沿采用"白加白"工艺绘缠枝花卉纹，内壁以蓝彩绘一周卷草花卉带状纹。盘心主题纹饰为广州珠江风景图，近处城楼高耸，江上几叶扁舟，远处山峦起伏。整个画面充满了东方韵味，满足了西方对神秘东方的想象。17—18世纪欧洲兴起的中国热，使得西方人对东方的中国充满了好奇，热爱东方风格的图案。此类描绘中国风景的瓷盘颇受西方欢迎。

　　"白加白"工艺，是用白色料在白色或浅色釉面上绘制图案。这种装饰工艺最早出现在16世纪的意大利陶器上，直到18世纪才用于英国、法国和瑞典的软陶。18世纪早期，中国工匠已经熟练掌握并且运用在外销瓷装饰上。此盘板沿便是采用这种工艺装饰，显得古典优雅，衬托出盘心主体图案的华丽色彩。

广彩浆胎花卉奖杯纹瓜棱扁瓶

清·乾隆（1736—1795年）
高 29、口长径 7.5、腹长径 11.4、底长径 10、厚 7.4 厘米
蔡语邨捐赠

　　四瓣花口，长颈，四瓣瓜棱形扁腹，撇圈
足。瓶身多处模印凸起卷曲花纹，装饰颇具"洛
可可"风格。颈部委角开光内绘一枝西洋折枝花
卉。腹部开光以干大红（即矾红）加金彩绘一个
奖杯，衬以小朵花卉。口沿、开光以外和圈足处
均绘卷须四瓣花卉纹。此瓶器形优美，纹饰精致
华丽，色彩艳丽，布局疏朗，主次分明，互相衬
托，是早期广彩瓷器的精品。

广彩堆贴花卉纹盖瓶

清·乾隆（1736—1795 年）

通高 31、口径 4.5、腹径 12.1、底径 8 厘米

　　盖与瓶身以子母口相扣合。帽形盖子口，宽折沿。瓶身直口，溜肩，鼓腹，胫部内收，圈足。盖顶饰一立狮纽，盖面和瓶身堆贴立体缠绕的葡萄藤蔓，肩部还贴塑四只生动活泼的小松鼠，寓意多子多福。腹部主题纹饰开光内以西红、茄紫等绘西洋花蝶纹。卷曲交缠的葡萄藤蔓、娇柔的西洋花卉等，使得整个瓶子的装饰优雅华丽，呈现了"洛可可"风格。

　　"洛可可"风格大量使用卷曲和连绵的叶形花纹，营造轻柔、精致、优美、高雅的格调。其最显著的特征就是大量使用"C"形和"S"形曲线，以及贝壳或其他自然物体的线条作为装饰。"洛可可"风尚于18世纪率先在巴黎兴起，成为遍及建筑、装饰、美术、音乐等社会生活各个方面的艺术风格，并迅速从法国宫廷蔓延到欧洲各地，甚至成为一种追求轻松、享乐的生活态度。

广彩堆贴花卉纹盖瓶及局部

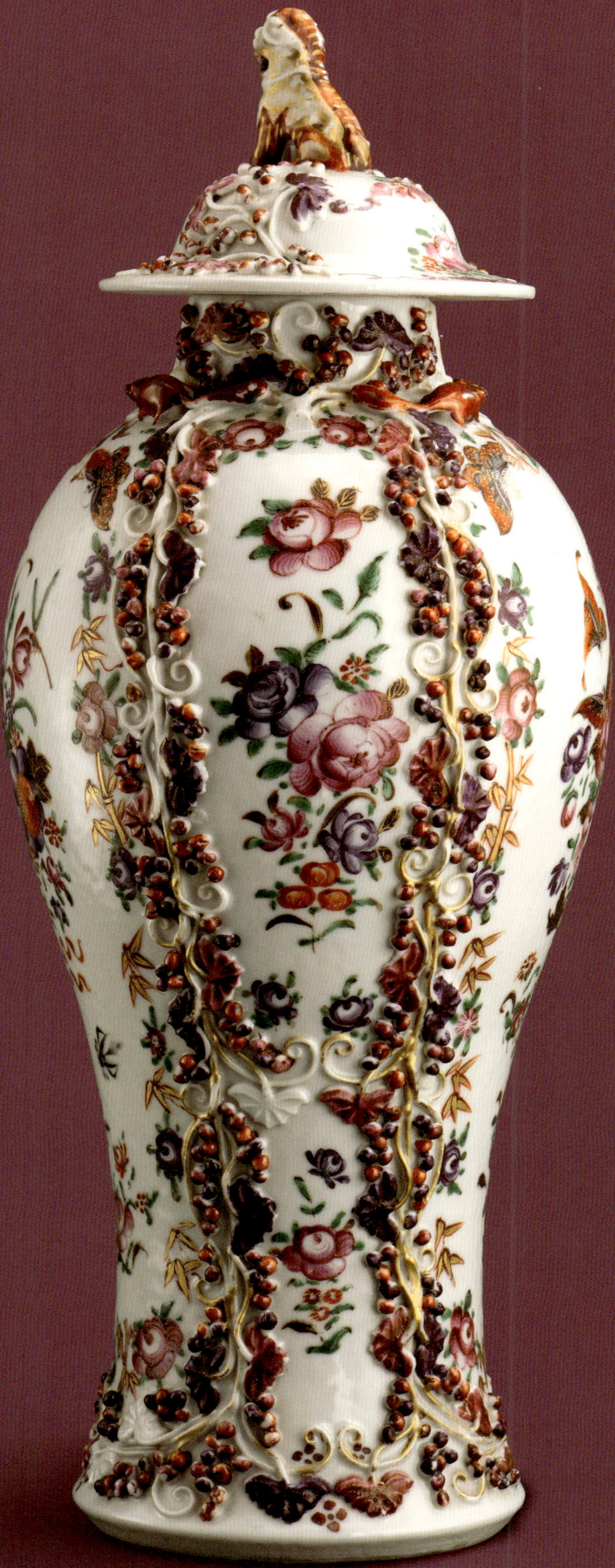

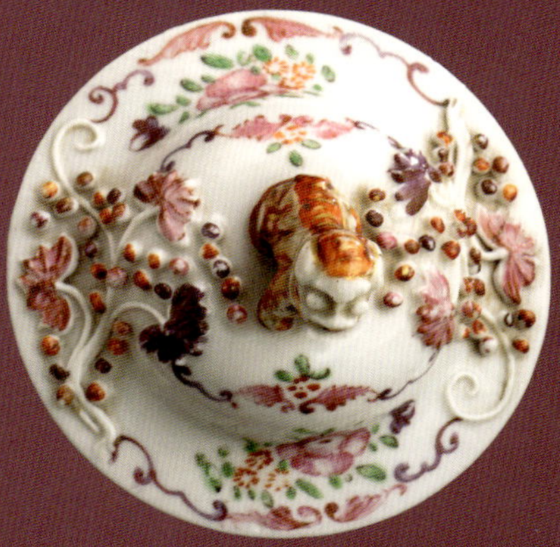

广彩开光山水人物纹六方盖瓶

清·乾隆（1736—1795 年）

通高 54.5、口径 15.5、腹径 19.1、底径 15.5 厘米

  一对。盖与瓶身以子母口相扣合。六棱帽形盖，子口，微折沿。瓶身整体呈六方形，敞口微侈，长颈，折肩，长腹渐收，六角形足。盖与瓶身彩绘以干大红、麻色、墨彩等为主。盖顶配狮纽，盖面六个开光内分别绘山水、花鸟图；瓶颈部开光内绘山水花鸟图，肩部绘开光西洋风景人物图和中国山水图，腹部开光内绘中国山水人物图。

  干大红和麻色都是广彩常用的彩料。干大红，即景德镇的矾红，在广彩中称其为干大红。制作色料时先把青矾煅烧，脱水后用水漂洗，取其浮在水面的"红种"，调入铅粉研磨，再加入牛皮胶制成干料块，彩绘时直接用毛笔蘸水在干料上挑调。麻色，即赭彩，用干大红与黑色调配而成，根据需要可调出酱、褐、棕、橙红、橙黄等深浅不同的色调。麻色在景德镇彩绘瓷中较少使用，而广彩使用较多，是欧洲人非常喜欢的一种暖色调。

广彩开光人物纹花插

清·乾隆（1736—1795 年）

通高 18、口长 15、口宽 15、底长 10.5、底宽 10.5 厘米

整体呈四方形，喇叭形足。顶部正方形盖，开五个小圆孔，以干大红、墨彩绘一周带点联珠锦地为边饰，内以西红、茄紫等绘西洋折枝花卉纹，两侧有一对鎏金弓形耳（金彩大部分已脱落）。器身正反面用干大红、墨彩和金彩绘"人"字锦地纹开光，内绘仕女婴戏图，描绘的是仕女和孩童在室内愉快交谈的情景。两侧面各贴塑一个鎏金藤蔓形双耳，同样饰"人"字锦地纹开光，开光内以干大红描绘花卉，巧妙与鎏金耳连接，并以鎏金耳为中心，以西红、茄紫等绘西洋折枝花卉纹，下半部绘仕女和孩童在室外游玩的情景。胫部四面亦用干大红、墨彩和金彩绘"人"字锦地纹开光，开光内用干大红绘山水纹。

花插是用于插花的器物，古代花器的一种，通常在顶部开五或六个小圆孔。这种器物始见于明代，器形有圆球形、梅花筒形、鼓形等多种，明代以青花器为主。清代继续烧造，器形略有变化，品种更加丰富，有粉彩及各种颜色釉等，以雍正、乾隆时制品为最佳，在当时称为"花囊"。清代广彩花插远销海外。

广彩人物纹带盖奖杯

清·乾隆（1736—1795 年）
通高 31、口径 8、通宽 20、底径 11 厘米

　　一对，为奖杯造型的陈设器。盖与器身以子母口相扣合。盖子口，折沿；器身直口，丰肩，喇叭形足。盖配狮纽，器身肩部至腹部贴塑对称鎏金螭龙耳。整体满绘花卉纹，堆塑松鼠及藤蔓交缠的葡萄纹。腹部开光内绘主题纹饰庭院人物图，描绘出温馨愉悦的合家欢场景。下腹部及胫部满绘七层纹饰：先以茄紫点绘一周小花，第二层以矾红、金彩勾边填茄紫菊瓣纹，第三层为茄紫点绘半面花卉纹，第四层为矾红描金莲瓣纹，第五层为墨彩勾边双层金彩弦纹，第六层为矾红、金彩勾边填茄紫菊瓣纹，最下一层为矾红描金菊瓣纹，每瓣上还绘有金彩卷枝花卉纹。此器物造型独特，线条优美，色彩艳丽，画工精湛，装饰繁复华丽。

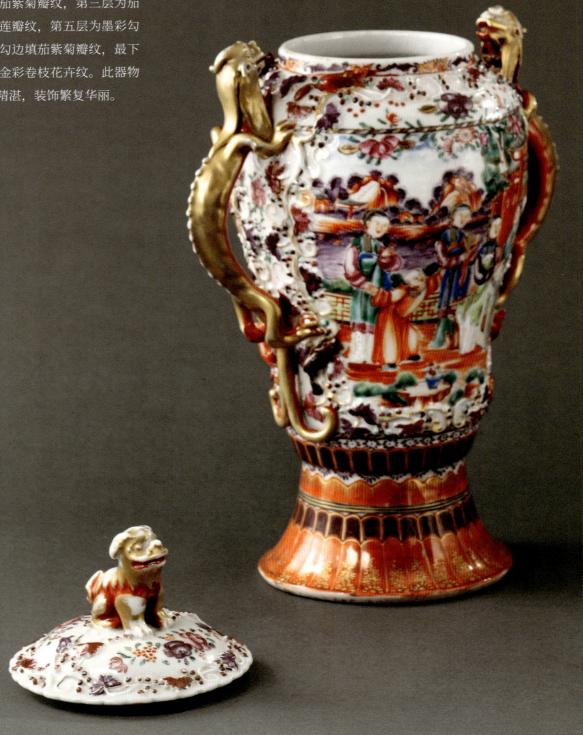

广彩纹章纹镂空双耳高足盖罐

清·乾隆（1736—1795 年）
通高 19、口径 20、底径 11 厘米

整体作镂空设计。盖与器身以子母口相扣合。盖子口，折沿，盖面镂空，顶部以菊瓣纹装饰，花形盖纽；器身敞口，腹部镂空，两侧附编织耳，喇叭形高足亦作菊瓣纹装饰。盖沿及器身口部分别饰一周金彩钱纹，盖顶与足各饰浅草绿弦纹，所饰菊瓣纹施干大红，整体上下相互呼应，精致和淡雅兼备。器内底心绘有纳索（Nassau）皇室和普鲁士（Prussia）皇室联姻的纹章。

此盖罐是西方人用于盛装板栗等干果的容器，因此需要镂空透气的设计。

这件盖罐应是1791年献给普鲁士公主及其驸马奥兰治的威廉五世（William V）餐具中的一件，整套餐具原本共一千余件，精美而华丽。威廉五世是英格兰安妮公主之子、乔治二世之孙。

广彩花卉瑞典 William Chambers 家族纹章纹咖啡盖壶

清·乾隆（1736—1795 年）

通高 24、口径 6.7、腹径 13.4、底径 7.5 厘米

　　此壶模仿梅森梨形咖啡壶式样，圆盖桃形纽，壶身短颈，短流，垂腹，圈足。整体装饰优雅精致。壶盖和壶口沿绘碎花花环边饰。壶颈处绘纹章的冠饰，上方写有拉丁文"VIGILANDUM"（警觉）。壶流正下方绘盾牌形纹章，周围环绕着各色鲜花。壶身腹部中心绘一大束西洋花卉，四角各绘一小组折枝花卉。此壶为著名建筑家威廉·钱伯斯（William Chambers）通过瑞典东印度公司所定制。

　　威廉·钱伯斯是出生于瑞典的苏格兰人，父亲是位商人，他跟随瑞典东印度公司来过三次中国，是首位研究中国建筑和装饰的欧洲人。威廉·钱伯斯于1757年出版的著作《中国建筑设计》（*Designs of Chinese Buildings*），在欧洲产生了巨大且深远的影响。在英国皇室的资助下，设计并建造了伦敦邱园（Kew Gardens），其中包括著名的"中国塔"（Chinese Pagoda）。之后，他又写了《东方园艺论》（*Dissertation on Oriental Gardening*），继续中国建筑的研究。1796年，威廉·钱伯斯逝世于伦敦。

广彩人物图带盖执壶

清·乾隆（1736—1795 年）
通高 26、口径 13.8、腹径 21.7、底径 14.5 厘米

盖与壶以子母口相扣合。盖穹形，子口，宽折沿；壶身直口，鼓腹，浅圈足。盖配宝珠纽，金彩封边，盖沿饰以金彩、墨彩及干大红所绘三组折枝花卉，盖面以金彩卷草纹为地，绘三组开光，开光内以干大红绘洋人、西方建筑等西洋人物风景图。壶身口沿以金彩、墨彩及干大红绘四组折枝花卉，壶柄以金彩、墨彩、干大红绘龙首鱼尾的螭吻，流上以金彩、墨彩、干大红绘凤首。壶身同样以金彩卷草纹为地，绘多个彩色卷叶开光。正反面大开光内绘清装人物（满大人）合家欢乐图，一面绘一位着清代官员装束的男子坐在庭院中央，一女子正在给他捶背，另一女子整理旁边桌子上的书籍，一旁有孩童和小动物在玩耍；另一面绘一位清装男子坐在庭院中央，身后一女子递给他一支烟杆，前后分别有一男童和一女童围绕着玩耍。壶身两侧绘有多个开光，上面两个开光内以干大红绘山水风景图；中心较大的开光内以西红、茄紫、干大红等绘折枝花卉纹；下腹部有三个开光，较大的开光内以干大红绘山水风景图，左右两侧有两个小开光绘折枝花卉。此壶绘工精致，采用大量金彩，装饰华丽，壶身描绘许多卷曲的卷叶纹，整体装饰颇具洛可可风。

青花广彩《西厢记》故事图餐具

清·乾隆（1736—1795 年）

双耳带盖汤盅：通高 22、口径 29 厘米

椭圆形托盘：高 5、口径 37.2 厘米

圆形肉碟：高 2.5、口径 22、底径 12.5 厘米

圆形汤碟：高 4、口径 23、底径 12.5 厘米

小号椭圆形碟：高 2.5、口长径 25、口短径 19.5、底长径 18.5、底短径 12.5 厘米

中号椭圆形碟：高 3、口长径 34、口短径 28.5、底长径 25.5、底短径 19.5 厘米

大号椭圆形碟：高 3、口长径 38.5、口短径 32、底长径 29.5、底短径 23.5 厘米

单柄调料杯：高 8、口长径 16.5、口短径 11、底长径 7.5、底短径 6 厘米

此套餐具由汤盅、托盘、肉碟、汤碟、椭圆形碟、调料杯（汁斗）等38件器皿组成。整套餐具纹饰图案均相似，边饰为青花锦地花卉纹，主题纹饰采用广彩技法描绘《西厢记》故事图。庭院中鲜花盛开，几只鸡随意溜达，亭台内陈设雅致，桌案上摆放着书籍和一瓶鲜花，倚栏处蓝衣女子坐在绣墩上，旁边站着粉衣女子，亭外一位粉衣男子望向两位女子，似乎在与她们交谈，整个场景悠闲舒适。

日用餐具在欧洲市场非常受欢迎，欧洲商人为此大量订购。通常一套绘有相同纹样的餐具总数可达数十件到数百件不等，甚至超过千件。成套餐具数量众多是由于欧洲宴会盛行，并推行分餐制。从古典时期到中世纪，宴会一直在欧洲社交生活中承担着重要的作用。18世纪，随着欧洲殖民经济的发展，食物和饮料的种类越来越丰富，社会经济越来越富裕，加上追求享乐的洛可可风尚的流行，私人宴会变得更加风行一时。法王路易十四（Louis XIV，1643—1715年）时期，出于卫生的考虑在宴会上推行分餐制，随后这种餐饮习俗逐渐流行至欧洲各国及各个阶层（并沿用至今）。由此导致来华定制成套的餐具日益增多。

彼时的欧洲富有阶层来华定制成套的餐饮用具，一是为了显示身份地位和财富，另外也是为了彰显个性的需求，有的甚至在成套餐具上绘专属于自己家族的徽章等。通常这些成套的餐具包括餐盘、汤盘、汤盅连托碟、酱汁盖盅、船形汁斗、黄油罐、冰桶、冰盆、布丁杯、色拉碗等，有的甚至包括镂空设计的水果篮和干果篮。即使有餐具在使用中被打碎了，也可以有相同纹样的新餐具补充上，以保持整套餐具的风格统一。

青花广彩《西厢记》故事图餐具

广彩洛克菲勒式人物图汤盅及托盘

清·乾隆（1736—1795 年）

汤盅：通高 16.5、口长径 14、口短径 10.2、底长径 10、底短径 6.6 厘米

托盘：高 2.3、口长径 20、口短径 15.2、底长径 12、底短径 7.8 厘米

　　汤盅呈椭圆形，置对称编织丝带形耳。穹形盖，菊花形纽。汤盅通体施金彩绘繁复花纹，是典型的洛克菲勒广彩瓷。双耳下方各一开光，用麻色绘西洋风景图。汤盅器身和器盖上大开光中绘人物图，或是仕女看着孩童玩耍，或是男子教孩童垂钓，十分具有生活趣味；小开光内以干大红、麻色绘风景图。托盘盘心绘人物故事图，边饰为金彩卷草纹地，其间开光以干大红、麻色绘风景图。整套器物纹饰精致，装饰华丽，金碧辉煌，光彩夺目。

　　清乾隆晚期至嘉庆时期，一些广彩瓷器色彩极为富丽，绘工特别精美，以大量金彩、繁复花纹描绘边饰，呈现出富丽堂皇的效果。当时的法国王室特别喜欢定制这类广彩瓷器，后来国外不少藏家亦钟情于此类广彩瓷的收藏。后因兴起于19世纪下半叶的美国洛克菲勒家族特别喜欢购藏该类瓷器，此类风格的广彩瓷也被称为"洛克菲勒式"广彩瓷。

广彩花卉纹八角形带盖汤盅

清·乾隆（1736—1795 年）

通高 21、口长 29、口宽 21、底长 24、底宽 15.5 厘米

　　此汤盅为长方八角形，盖顶配以干大红狮子纽，两侧置兽头耳。盖顶及器身绘花卉纹及苏格兰威尔逊（Wilson）家族纹章。以金色及多种彩色卷草花卉纹勾勒出纹章整体轮廓，上部饰一棵橘子树和一位骑士，中心盾形内绘有三颗红色的星星及黑色月牙，下方飘带上写着拉丁文铭文"VIRTUS SIBI PRAEMIUM"（意为"美德的本身就是它的报酬"）。此汤盅的定制者可能是英国威尔逊家族的威廉·威尔逊（William Wilson）或他的兄弟约翰·威尔逊（John Wilson）。

广彩花卉纹章纹汤盅及托盘

清·乾隆（1736—1795 年）
汤盅：通高 18、口长 27、口宽 20、底长 22、底宽 15.5 厘米
托盘：高 5.5、口长 37、口宽 29、底长 24、底宽 16 厘米

汤盅整体为长方八角形，盖子口，顶部配以花形纽；器身敞口，圈足，双兽头耳。盖纽及双耳施矾红彩，主体绘纹章纹及折枝花卉纹。

托盘折沿，委角，浅腹，平底。盘口封金，盘沿绘金彩矛头边饰，盘心绘纹章纹及折枝花卉纹。

此套餐具所绘纹章为苏格兰麦肯齐（Mackenzie）家族和奇泽姆（Chisholm）家族的组合纹章。纹章盾牌一分为四，蓝底金色雄鹿头为麦肯齐家族纹章图案，红底金色野猪头（正确的纹章应该是银色野猪头）为奇泽姆家族纹章图案。头冠为一只直立的金色野猪头（正确的纹章应该为雄鹿头）。铭文是"PULCHRIOR EX ARDUIS"（意为"环境越艰辛，硬汉越吃香"）。

由于文化差异、语言障碍、路途遥远等原因，纹章瓷中所绘纹章没有完全遵循家族纹章原貌的情况不算少见，这件汤盅纹章用错颜色便是其中一例。此套餐具是为准男爵一世的继承人定制的，此人娶了亚历山大·奇泽姆（Alexander Chisholm）之女，所以很可能是肯尼斯·麦肯齐（Kenneth Mackenzie）或他的儿子约翰（John），他们父子都是支持小王子查理的雅各布党人。

广彩胭脂红花草纹地开光花卉纹茶具

清·乾隆（1736—1795 年）
茶壶：通高 13、口径 7、通宽 19、底径 6.5 厘米
奶壶：通高 14、口径 4、通宽 18、底径 4 厘米
茶叶罐：通高 13.5、口径 3.2、腹径 7.3、底径 5 厘米
茶杯：高 4、口径 7.7、底径 3.7 厘米
托碟：高 2.2、口径 12、底径 7.5 厘米

　　这套茶具由茶壶、奶壶、茶叶罐、茶杯及托碟组成，共11件。以胭脂红（西红）绘卷草花卉纹作地，开光内均用西方画法绘折枝月季花。

　　月季花原产中国，栽培历史悠久，素有"花中皇后"之称。它花姿绰约，色彩艳丽，香味浓郁，花期很长。苏东坡有诗称赞："唯有此花开不厌，一年长占四时春。"据载，于18世纪后期，中国的月季品种朱红、中国粉、香水月季、中国黄色月季等，经印度传入欧洲。自此，欧洲人将月季与当地的蔷薇品种广为杂交，精心选育。月季花芬芳娇艳，深得西方人尤其是西方女性的喜爱，清代许多外销瓷器上都以此花为纹饰。

193

广彩十三行通景图大碗

清·乾隆（1736—1795 年）
高 15.5、口径 37、底径 19.8 厘米

　　敞口，深腹，圈足。碗外壁以通景彩绘方式描绘了广州十三行商馆的面貌，上面绘有丹麦、大革命前的法国、奥地利、瑞典、英国和荷兰的国旗，还有炮台、粤海关和许多小船，以及船夫、正在谈话的中外商人、包装和搬运茶叶的工人等。圈足外壁绘一周矛头状边饰。内口沿饰一周由花篮、花卉、卷叶纹等组合的繁复边饰，内底心绘有一个花篮。此碗品相完整，色彩鲜艳，画工精湛，描绘的人物、建筑场景众多，栩栩如生，气势磅礴，是清乾隆时期一件不可多得的精品之作。

　　清康、雍、乾时期，随着到广州贸易的外国商人不断增多，许多国家先后在广州设立商馆，兼行外交和贸易管理的功能。这些外国商馆都由行商出租地方供其办公和居住，每个商馆门前都竖立本国国旗以示明国籍。鸦片战争以前，外国人到中国做生意，必须通过行商进行交易。行商从事外贸的资格必须个人提出申请，由官府审核批准后才能获得。康熙二十五年（1686年），广东巡抚李士桢协同两广总

督吴兴祚和粤海关监督宜尔格图，把广州从事国内贸易的"金丝行"和从事外贸的"洋货行"区别开来，分别收税。"洋货行"简称洋行，可能是因为某一时期共有十三家，故又称十三行，或十三夷馆。十三并非固定数目，多时达几十家，最少时仅四家。清政府在乾隆二十二年（1757年）十一月宣布专限广州港口与西方商船贸易，由此开始了长达八十余年的广州一口通商时期。直至1842年（清道光二十二年）签订《南京条约》，规定清朝政府开放广州、厦门、福州、宁波、上海等五口通商，由此废止了十三行独揽中国对外海上贸易的特权，十三行从此日趋没落。

广彩十三行通景图大碗外壁图

广彩仕女婴戏图大碗

清·乾隆（1736—1795 年）
高 16、口径 38.3、底径 19 厘米

　　敞口，深弧腹，圈足稍高。碗外壁以通景式绘仕女婴戏图，场景丰富，或是一群仕女手持琵琶等乐器围坐在一起奏乐，或是仕女教导孩童读书，或是孩童逗弄禽鸟……人物众多，神情各异，栩栩如生。碗内壁边沿绘一周金彩璎珞纹边饰，碗心绘瓜果纹。碗身白釉明净，采用红、绿、黄、紫等色描绘，色彩艳丽。

　　当时欧洲人曾从景德镇和广州大量定制这类大碗，装盛果汁和烈酒调制的潘趣酒，欧洲人称之为"punch bowl"（海外华人称之为宾治碗或潘趣碗）。这类广彩大碗的纹饰通常有人物、风景和花鸟等，多加描金，色彩艳丽，金彩辉煌。18世纪起，欧洲私人性质的宴会日益流行，也带动了这类大碗出口量的不断增加。

清·乾隆（1736—1795 年）

高 9.1、口径 20.1、底径 10.3 厘米

敞口，弧腹，圈足。外口沿饰蓝地描金曲折纹，内口沿绘蓝地描金联珠纹。碗外壁和内底心分别绘月季等折枝花卉，采用西洋花卉画法，用透视技法和版画技巧，以细腻的线条展现明暗关系。所有纹饰均以蓝彩描金绘成，纹饰疏朗雅致。

广彩开光外国风景图大碗

清·乾隆（1736—1795 年）
高 11.5、口径 28.2、底径 14.8 厘米

　　敞口，深腹，圈足。碗外壁西式开光内绘西洋人物风景图，绘有城堡、帆船、西洋人物等。开光外绘有折枝花卉纹。碗内沿绘一周描金卷草纹，碗心西式卷叶开光内亦绘有西洋人物风景图。此碗的装饰风格模仿自德国瓷器的"梅森风格"。
　　梅森风格，是指德国梅森瓷厂的装饰风格。德国梅森瓷厂（Meissen Porcelain Manufactory）是欧洲第一家皇家瓷器厂，无论在制瓷技术还是艺术风格上都起到了引领和示范作用。受欧洲洛可可风尚的影响，梅森瓷大量使用金彩描绘卷蔓纹，主题纹饰多是欧洲的人物、风景、港口、花卉植物等。18世纪上半叶，梅森风格的瓷器在欧洲十分流行。于是，一些精明的欧洲商人带着时兴的梅森瓷器的纹样画稿，前来中国定制瓷器，价格比欧洲相对便宜一些。当时景德镇和广州的广彩都有制作仿梅森风格的瓷器。

广彩锦地开光西洋人狩猎图大碗

清·乾隆（1736—1795 年）
高 17、口径 41、底径 20.5 厘米

　　敞口，弧腹，圈足。此碗色彩丰富艳丽，是清乾隆时期广彩的典型风格。碗外壁绘"人"字锦地纹开光，竹节形小开光内绘中国传统花鸟，两个夔龙形大开光内绘主题纹饰西方狩猎图。其中一幅画描绘了猎人骑着马，四周跟随一群猎狗的场景；另一幅画描绘了猎人疾驰，追逐树边的狐狸，远处以欧洲庄园作为背景衬托。碗内沿绘一周龟背锦地边饰，其下又以西红、茄紫等绘一周杜帕奎尔（Du Paquier）花边，即由花叶、音符状纹饰及填满细格或鱼鳞的开光组成的花边。这种花边源自维也纳杜帕奎尔瓷厂晚期生产瓷器的边饰，带有巴洛克艺术的风格，在18世纪50年代左右的中国外销瓷中也极为流行。碗心一周金色矛头纹和一周龟背锦内绘有西方人狩猎图，一位猎人手持猎枪带着两只猎犬在森林中寻找猎物。

　　在17—18世纪，狩猎是欧洲上层社会流行的消遣活动之一。当时的油画也常以狩猎活动为题材，主要表现对猎物追逐的快感。英国画家詹姆斯·西摩（James Seymour，1702—1752年）和同一时期的几位艺术家，创作了多幅类似的绘画。当时工匠以这些画作为参考，在广彩瓷器上绘制西洋人狩猎图。

广彩纹章纹盘

清乾隆十九年（1754 年）
高 1.5、口径 23、底径 12.8 厘米

　　板沿，折腹，浅圈足。盘沿绘一周金色弦纹，板沿上以墨彩和金彩绘四组对称的折枝花卉纹。盘内壁两道金色弦纹之间，以墨彩绘四方锦地，与板沿四组折枝花卉纹相对应绘四个小开光，小开光内用金彩绘折枝葡萄纹。盘心盾牌形纹章上绘有花体英文字母图案，暂无法辨认纹章纹的家族。左右两侧分别有一坐、一站的人扶着盾牌。盾牌形纹章上方，以西红、蓝彩、金彩、墨彩绘一个华丽的帷幔。纹章盾牌下方写有"1754"，表明了该盘的定制年份。纹章的基座为一束鲜花，鲜花颜色艳丽，花叶卷曲，系有蓝色丝带。盘外壁及底素白无纹饰。

广彩纹章纹盘

清·乾隆（1736—1795 年）
高 2.5、口径 22、底径 11.5 厘米

　　板沿，浅腹，浅圈足。盘沿描金，板沿绘三组墨彩描金折枝西式花卉，其中两组纹饰间绘有纹章的冠饰——一只衔着一朵折枝花的飞禽。盘内壁绘八方织锦纹并对称分布四个开光，开光内绘折枝西式花卉。盘心绘盾牌形纹章，图案左侧蓝地上绘有三个树叶形图案，右侧绘红彩带上三颗星和三组花朵形图案。盾牌外绘有卷叶纹和鱼鳞纹等组合的华丽装饰，为纹章的组成部分，称斗篷或披风。斗篷部分用墨彩描绘，全器除纹章的盾牌部分，均用墨彩描画，盾牌纹章纹的颜色并不鲜艳，而墨彩的浓淡相宜、洁净素雅恰恰突出了纹章纹的中心地位，整体采用西方版画技法，细腻的线条描绘明暗，可谓匠心独具。

广彩仕女婴戏图八方盘

清·乾隆（1736—1795 年）
高 3.5、口径 35、底径 21 厘米

　　整体呈八方形，板沿，平底。盘沿绘一周金色"工"字纹边饰。板沿以干大红描金绘缠枝花卉纹为地，八个较大叶形开光内分别用西红和墨彩绘人物山水风景图，其间五个小开光为一组呈"十"字排列，小开光内用墨彩和干大红绘折枝花卉。盘内壁绘一周金色纽绳纹缠绕着墨彩双层弦纹。盘心以八方锦花蝶纹作地，正中花叶形开光内绘博古仕女婴戏图，各种珍贵的古器物之间，一位紫衣仕女倚坐在小桌几上，微笑看着三个孩童嬉戏玩闹，场景温馨欢乐。此盘画面构图丰满，色彩丰富明丽，画工精细，给人以华丽温馨的视觉感受。仕女婴戏纹饰的瓷器，在清雍正、乾隆时期深受欧洲人的喜爱。此盘绘仕女、嬉戏的孩童，以各种宝物作为陈设的背景，满足了西方人对神秘富有的中国的想象。

广彩 Fleming 家族纹章纹盘

清·乾隆（1736—1795 年）
高 4.5、口径 21、底径 12 厘米

　　敞口，浅弧腹，浅圈足。盘口沿封金，由外向内分别饰青花描金锦地纹、金色小如意云纹、金彩绘链条带饰。盘心绘纹章纹，盾牌形纹章两侧分别有一头鹿和一位身穿草裙的人扶着盾牌，冠饰为一头山羊，环绕冠饰的弧形飘带上用拉丁文书"LET THE DEED SHAW"（让事迹彰显）。基座下绘带状小花，为典型的广彩画法。此盘装饰简洁典雅，纹饰描绘精致，可能是由 Hamilton Fleming 于清乾隆晚期时（约1785年）定制。纹饰由青花及广彩组成，可见边饰是在景德镇完成，而纹章部分是在广州加绘的。

墨彩描金"西蒙与伊菲金妮亚"图盘

清·乾隆（1736—1795 年）
高 2.8、口径 23、底径 13 厘米

　　板沿，浅腹，浅圈足。盘沿金彩描绘梅森风格边饰，为连续交缠的"C"形卷叶纹。内壁以金彩、绿彩绘锦地花朵纹一周。盘心以墨彩描金绘"西蒙与伊菲金妮亚"故事图，三人在树下熟睡，其一是位貌美的西方美人，旁边站立一位男子拄着木棍，正出神地望着她。该故事图取材自14世纪薄伽丘《十日谈》中第五日的一则故事。绅士阿利提帕斯之子西蒙从小不好学习，言谈举止相当粗俗，整日喜欢与农夫混在一起。某日午饭后，西蒙扛着一根木棍，从一个农庄赶往另一个农庄，经过一片树林时，看见美貌的伊菲金妮亚与她的仆人在树林里熟睡，于是爱上了伊菲金妮亚，并一直等她醒来，看到她美丽的双眼才肯离去。从此，西蒙脱胎换骨，不仅刻苦学习，学识猛进，而且举止优雅，成了一名绅士。经过一番曲折，西蒙与心上人伊菲金妮亚终于共结连理。

广彩洛克菲勒式人物故事图鱼盘

清·乾隆（1736—1795 年）

盘：高 5、口长径 42、口短径 34、底长径 29.5、底短径 22 厘米

隔漏层：长径 32.3、短径 25 厘米

　　此盘由椭圆形大盘和椭圆形隔漏层组成。整体使用大量金彩绘繁复花纹，是典型的洛克菲勒式广彩瓷。椭圆形大盘敞口，折沿，浅腹，平底。板沿以金色卷草纹作地，其间八个对称开光内以干大红、麻色绘风景图。内壁以麻色绘锦地开光，亦有八个对称开光绘花鸟纹和风景图。盘心绘人物故事图。椭圆形隔漏层边饰与大盘相似，面上有许多圆形小孔，面心绘有庭院仕女婴戏图。这类器形是西餐中用于盛主菜（肉类）的大盘，椭圆形的为鱼盘，隔漏层用于过滤酱汁。

广彩描金"贵妃醉酒"图盘

清·乾隆（1736—1795 年）
高 2.5、口径 23、底径 13 厘米

　　板沿，浅腹，浅圈足。板沿以金彩绘缠枝花卉纹作地，其
间八个开光内分别用西红和墨彩绘山水与花鸟纹。内壁以金彩
"万"字锦纹作地，八个圆形小开光内，或用西红绘风景图，或
用釉上蓝彩绘海浪纹。盘心卷蔓式开光内绘主题纹饰"贵妃醉
酒"图，贵妃坐在华丽的地毯上，一位男仆手拿酒壶为她斟酒，
一位宫女手持掌扇侍奉在其身后。此盘画工精细，画面富丽而雅
致，边饰多用金彩描绘，显得金碧辉煌。

广彩印度人骑象图盘

清·乾隆（1736—1795 年）
高 4、口径 31、底径 18.6 厘米
潘荣辉捐赠

  花口，板沿，折腹，盘身随形轧凸棱，圈足。板沿及内壁皆用"白加白"绘花卉纹为地，其间点缀彩色花朵。内壁用金彩描绘吊珠纹一周。盘心葵形开光内绘一个身穿传统服饰的印度人在花丛中骑着大象。此盘画面生动写实，展现出印度民族骑象的风俗，由在印度的英国官员或商人在广州定制。

广彩"帕里斯审判"图小盘

清·乾隆（1736—1795 年）
高 2.5、口径 13、底径 8 厘米

　　敞口，浅弧腹，浅圈足。盘内沿饰一周金彩卷草纹，盘心用广彩描绘"帕里斯审判"图。"帕里斯审判"图源自希腊神话故事。希腊的英雄珀琉斯与海洋女神忒提斯结婚时邀请了所有的神祇参加婚礼，唯独没有邀请争吵女神厄里斯。恼怒的厄里斯偷偷溜到婚礼上，抛下一颗金苹果，苹果上刻着几个字："献给最美的人。"天后赫拉（Hera）、智慧及战争女神雅典娜（Athene）、爱神维纳斯（Venus）因为争夺金苹果而争吵了起来，众神之王宙斯让特洛伊王子帕里斯来裁决这场纠纷，三位女神分别以给予权力、智慧与能力、最美的女人为妻为条件，贿赂帕里斯。帕里斯将金苹果判决给爱神而得到美女海伦（Helen），导致爆发了众神和众英雄参加的、以争夺世上最漂亮的女人海伦为起因的长达十年的特洛伊战争。

广彩西洋人物上学图花口小碟

清·乾隆（1736—1795 年）
高 1.5、口径 11、底径 9.5 厘米

　　口沿至腹呈花瓣形，浅平底。口沿金彩封边，外边饰一周蓝彩带状边饰，内边饰一周金彩梅森风格边饰。碟心绘西洋人物图，画面为男女两个小孩出门上学，他们的母亲在门口向他们挥手告别。此画面来自托马斯·斯托达特（Thomas Stoddart，1755—1834年）创作的一幅版画，笔触细腻，生活气息浓厚。

墨彩描金耶稣主题图盘

清·乾隆（1736—1795年）

"耶稣诞生"图盘（左一）：高2.5、口径22.2、底径13.1厘米

"耶稣受难"图盘（左二）：高1.9、口径22.7、底径12.5厘米

"耶稣复活"图盘（左三）：高2.6、口径22.5、底径13.4厘米

  三件。皆板沿，浅腹，卧足。以墨彩加金彩描绘，板沿绘丝带缠绕的花卉纹，盘心主题纹饰分别绘"耶稣诞生""耶稣受难""耶稣复活"等内容，故事均源自《圣经》里《马太福音》的记载。

  "耶稣诞生"图盘描绘了玛利亚在伯利恒马厩诞下耶稣的情景。耶稣躺在马槽中，头环绕光环，周围的人或交谈，或望向耶稣。"耶稣受难"图盘描绘了耶稣被钉在十字架处死的情景。他被钉在正中间的十字架上，头顶上钉着一个牌子写着"INRI"，意为"犹太人的王"，左右两边十字架上是同时处死的两个强盗，几个卫兵在地上拈阄瓜分他的衣服，十字架后是围观的人群，神态各异。"耶稣复活"图盘描绘了耶稣复活，身泛光辉升天的情景。

  此三件瓷盘的故事内容来自《圣经》，而图案则是摹仿荷兰艺术家简·勒伊肯（Jan Luyken，1649—1712年）绘制的《圣经》版画插图，瓷盘图案特征与原始版画相同，而版画的室内建筑结构则被更符合

中国审美的园林景观所取代。这套版画于1734年在阿姆斯特丹第一次出版，后来被送到中国，成为定制瓷器的样稿。

　　墨彩是一种釉上低温彩，以黑色为主，也常兼用矾红、本金等彩料，在烧成的白釉瓷上绘画，再经低温彩炉烘烤而成。墨彩自清雍正朝开始流行，其装饰技法又分为中国传统绘画和西洋版画两种。中国传统绘画技法生产于景德镇，而西洋版画技法则广州的广彩和景德镇均有生产。由于墨彩是以纤细的灰黑线条勾勒图案，因此可以成功摹仿欧洲的蚀刻画和铜版画，欧洲商人便用版画样稿来定制这种墨彩瓷器。以版画定制的墨彩耶稣故事瓷盘通常三件或四件一套，分别绘耶稣诞生、受洗、受难和升天的故事图案。这类瓷器一般应用于宗教场合，或者作为装饰，又或者用于西方传教士宣传。这种宗教题材的纹饰在西方大受欢迎，因此流传了相当一段时间，直到1778年，荷兰的东印度公司仍有样板送到广州定制。

广彩葡萄牙主教纹章纹盘

清·嘉庆（1796—1820 年）
高 2.2、口径 24.8、底径 14 厘米

　　敞口，折沿，浅腹，浅圈足。整体以绿釉地加金彩草叶纹装饰，折沿上四个开光内绘人物风景图，盘心花瓣形开光内绘葡萄牙波尔图主教安东尼奥·圣·约瑟夫·卡斯特罗（António de São José de Castro）的纹章，主体由金色的皇冠和盾牌组成，辅以花叶等装饰。他是雷森迪伯爵一世（1st Count of Resende）的私生子，曾经担任葡萄牙波尔图市市长，摄政团及政府成员。安东尼奥于1798年7月13日被选为波尔图主教，1802年9月19日正式来到波尔图市入主波尔图主教座堂。

　　波尔图主教座堂（葡萄牙语：Sé do Porto）是天主教波尔图教区的主教座堂，位于葡萄牙城市波尔图的中心，建于1110年前后，完成于13世纪，是该市最古老的古迹之一和葡萄牙最重要的罗曼式建筑之一。

广彩山水风景图盘

清·嘉庆（1796—1820 年）
高 5.6、口径 37.6、底径 14.3 厘米

　　敞口，浅腹，圈足。盘沿金彩封边，近口沿处以黄彩绘如意云头边饰；盘沿均匀分布六个开光，开光内绘花鸟蝴蝶纹，上下以干大红绘六边形带点边饰，开光间以蓝绿"万"字锦地相连，锦地上饰首尾相对的红蓝两条锦鲤；盘沿内边饰一周蓝彩带点联珠纹。盘心主题纹饰为中国山水风景图，借鉴了中国画的构图和皴法，江河辽阔，山峦起伏，景色壮观，用彩大胆、丰富。

广彩通花边花蝶纹盘

清·嘉庆（1796—1820 年）
高 2.8、口径 23.4、底径 12.9 厘米

花瓣口，板沿，浅腹，圈足。盘整体仿编织工艺，板沿镂空，腹壁及盘心模印编织纹。口沿封金，并绘一周绿彩叶纹边饰，板沿绘蝴蝶和折枝花卉。盘心以西红、干大红、绿、紫、黄、金彩绘折枝花蝶纹，空白处散落几朵小花卉。盘子似一竹编的碟，器形来自西方设计，优雅柔美，花朵色彩柔和，符合西方审美观，是典型的面向欧洲市场的外销瓷。

广彩西洋人物风景图盘

清·嘉庆（1796—1820 年）
高 9.2、口径 52.3、底径 30.5 厘米

　　敞口，浅腹，圈足。盘沿为深蓝色，近口沿处绘有一周纤细的描金吊珠边饰。盘心花瓣形开光，开光内绘西洋人物风景图：西洋花园中，一位西洋女士带着孩童给鲜花浇水，另外一位西洋女士扶着树枝采摘树上的鲜花，画面日常而温馨。此盘体形硕大，绘画精美，题材为西洋人物，是外销广彩瓷中较为难得的精品。

广彩人物故事图大碗

清中期（1796—1861 年）
高 23、口径 58.5、底径 31.5 厘米

　　敞口，深腹，圈足。碗内外以广彩满绘缠枝百花作地，并绘多个开光。口沿委角小开光内绘花鸟及山水风景图，腹部大开光及花苞形开光内绘八仙等人物故事图。所描绘的花鸟、人物多采用中国技法，人物形象主要为中式明装人物。此碗体形硕大，口径宽大，应为用于调盛果酒的潘趣碗。整体色调清丽，多用绿色，以少量的干大红点缀，与其他绚丽的广彩风格截然不同，因而又称绿广彩。

广彩龙花蝶纹双象耳瓶

清·道光（1821—1850 年）
高 43、口径 12、腹径 21、底径 15 厘米

　　撇口，长颈，颈下部向外翘起，胆形腹，圈足稍外撇，肩部两侧贴塑鎏金双象衔环耳。瓶口封金，内沿绘三组折枝花卉。此瓶纹饰华丽繁复，自上而下共由九层纹饰构成：瓶口处为一周金地花果纹；颈部分别饰豆青地蝴蝶花果纹、青花描金回纹、青花描金如意云花卉纹，且如意云边呈花瓣形翘起；肩部饰一周金地双龙戏珠纹，周围满绘各色彩云；其下为一周青花描金的金凤衔灵芝纹；腹部偏上饰一周西洋风景图，绘有城堡、帆船、桥梁等；下腹部绘有红、绿、蓝彩等六龙戏珠，龙身矫健，威猛生动，其间各色祥云缭绕；圈足饰一周蓝彩回纹。此瓶工艺高超，集豆青地、青花、广彩等各种釉彩于一身，可谓是广彩小"瓷母"，多层纹饰繁而不乱，画工精细，造型美观大方，是不可多得的广彩精品。

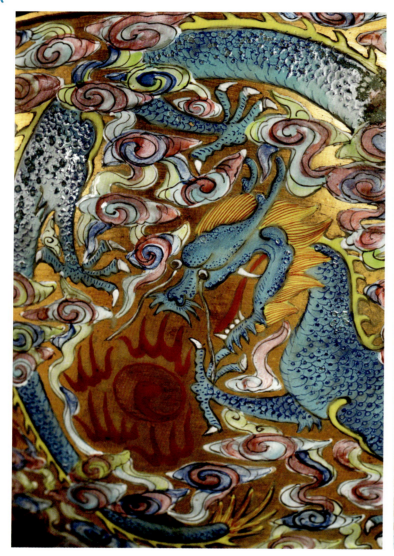

广彩干大红描金开光人物图瓶

清·道光（1821—1850年）

高62.7、口径19.7、腹径24.2、底径16.5厘米

　　盘口，长颈，折肩，长腹，圈足。口沿封金，内口沿绘有三只均匀分布的蝙蝠。此瓶通体以干大红描金绘成，花果、八宝纹等为地，颈部、腹部、下半部均绘多个开光，开光内绘明装人物故事图，人物多且神态各异。每个开光形状不同，颈部绘有前后相对的开光，以蝙蝠和卷叶为边，腹部的博古开光较大，其间还有卷叶边开光、葫芦形开光等。胫部绘一周花叶纹。此瓶体形硕大，器形端庄大方，画工精致，纹饰繁而不乱，描绘人物众多，形象生动，红彩鲜艳，金彩耀目，繁华富丽。

广彩人物故事图将军罐

清·道光（1821—1850 年）
通高 65、口径 22、腹径 36.8、底径 31 厘米

　　盖与罐以子母口相扣合。盖子口，盔形顶，宝珠形纽；罐直口，溜肩，圆腹，胫部渐收，撇足，器形为典型的将军罐，清代十分流行。罐满绘金地花蝶瓜果纹，罐盖及腹部开光内皆绘人物故事。此罐纹饰构图繁而不乱，色彩丰富华丽，人物神态生动，采用典型的广彩人物画法，是难得的广彩精品。

　　广彩人物因绘画技法的不同而分为"折色人物"和"长行人物"。折色人物的技法与景德镇的粉彩相近，先用黑彩线条描绘出人物形象的轮廓线，再行填色。长行人物是在人物的领口、袖口、衬部等关键部位勾线描绘出人物定位后，再用色料涂画出整个人物的形态。长行人物技法的出现晚于折色人物，因只在关键部位勾勒，故绘画难度更大，人物形象也更立体生动，作为广彩瓷器的独有技法流传下来。此外，从构图上来说，广彩还有"飞白人物"，指去除背景图案，只突出人物形象的图样。

广彩人物故事图茶具

清·道光（1821—1850 年）

执壶：通高 19、口径 8.5、底径 9 厘米

盖盅：通高 11、口径 14.8、底径 6.5 厘米

奶壶：高 10、口长 13、底径 6.5 厘米

小盘：高 3、口径 15、底径 8.5 厘米

大盘：高 2.5、口径 20、底径 12 厘米

杯：高 5.5、口径 9.8、底径 5 厘米

　　这组茶具由执壶、盖盅、奶壶、杯及托碟等36件组成。茶具均绘紫地花蝶纹边饰，开光内绘明装人物图。此套茶具纹饰丰满，绘画精细，色彩华丽。

　　17世纪欧洲的中国热，以及咖啡、巧克力、茶等热饮传入欧洲并流行，带动了中国陶瓷器和茶叶的大量外销。欧洲人来华定制的广彩瓷器中，成套的餐具、茶具、咖啡具始于18世纪（清雍正—乾隆时期），所占的比例也日益增大。

广彩波斯文铭文人物故事图大碗

清·道光（1821—1850 年）
高 19.5 、口径 54.5、底径 29 厘米

敞口，深弧腹，圈足。碗内口沿绘人物纹边饰，内壁通体绘开光人物故事图。碗外口沿绘金地花蝶纹边饰，外壁通景式描绘明装人物故事图，其间绘有四个八方形开光，开光内以金彩书写波斯文。此碗体形硕大，色彩华丽，纹饰繁密，人物众多，形象各异，栩栩如生。

碗壁的波斯文翻译如下：

真主至大

这件碗纯净如白日

光芒如正午的太阳

我问此碗给谁用

答曰配得上光芒的典礼

（Haj zain abedin shirazi 定制）1267

荣耀真主

爱的欢愉让主人的面庞从黑夜变成白天

您（像盛夏的狮子座一样）端坐天穹宝座赐城掠地

您宴席上的斟酒者翻手为云

满酒的碗宛如被驯服的太阳

（Haj zain abedin shirazi 定制）1267

文中的"1267 年"为伊斯兰历，相对应为公元 1850 年（清道光三十年）。据铭文考证，此碗是为伊朗菲鲁兹王子定制的大碗，制作于他第二次担任法尔斯省长一职期间。菲鲁兹·米尔扎·努斯拉特艾·道拉（Firuz Mirza Nusratal-Dawla）（伊斯兰历 1233 —1303 年，公元1818—1886 年），阿巴斯·米尔扎·那伊拜耳·萨尔塔纳（Abbas Mirza Na'ibal-Saltana）的第 16 子，法特赫·阿里沙（Fat'h-Ali Shah）之孙。最初，他在 1250 年（伊斯兰历，公元 1833 年）被任命为法尔斯的长官。后来，他逐渐执掌了多个省份，成为皇太子在阿塞拜疆的代表和陆军大臣。1293 年（伊斯兰历，公元 1876 年），他被授予法尔曼法尔马（Farmanfarma）头衔（属于皇家的头衔）。

此碗为伊朗菲鲁兹王子定制，且有具体的伊斯兰历年款，是研究中外文化交流的重要实物资料。

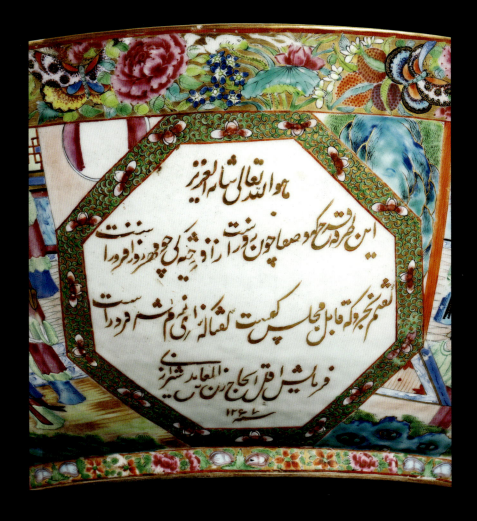

广彩人物故事图纹章纹椭圆形盘

清·道光（1821—1850 年）

高 4.5、口长径 39、口短径 32、底长径 29、底短径 23 厘米

　　盘呈椭圆形，敞口，折腹，平底。盘子边饰绘花鸟纹，盘心绘庭院人物图，左侧男子和书童在侍女的带领下走进庭院，左上方的楼阁中两位女子相谈甚欢，画面右侧楼台前一群女子簇拥着一位衣着华丽的女子，众人都望向走进庭院的男子。盘子中心金彩绘皇冠纹章纹，下有西班牙文铭文"Exmo Sor Marques de Almendares"，意为"阿尔门德罗斯（Almendares）侯爵阁下"。19世纪中期以后销往拉美市场的中国瓷器流行在器物中心绘较大纹章。

　　古巴阿尔门德罗斯侯爵米格尔·安东尼奥·埃雷拉（Miguel Antonio Herrera）出生于古巴哈瓦那，为古巴的西班牙统治者，拥有若干个咖啡、甘蔗种植园，纺织品工厂以及铁路，他的家族当时在西班牙非常显赫，他曾任古巴岛费迪南德七世第三军团的指挥官。1838年，波旁王朝摄政王后玛丽亚·克里斯蒂娜（Maria Christina）颁布皇令授予米格尔·阿尔门德罗斯侯爵头衔。此盘可能是1843年他在广州定制的。

Exmõ Sõr Marques de Almendares

广彩麻色描金蚬壳形花卉双鸟纹盘

清·道光（1821—1850年）
高 4.7、口径 25、底径 13.7 厘米

　　盘为蚬壳形，敞口，一侧有板沿，浅圈足。整体纹饰以麻色描金绘成。板沿绘石榴及花鸟纹，内壁饰一周大叶朵花纹，盘心绘折枝花鸟及蝴蝶纹。此盘造型独特，纹饰精细，国内少有见到，为欧洲国家定制产品。

广彩道教女神像

清·道光（1821—1850 年）
通高 35 厘米

　　女神发髻高盘，双目低垂，面容祥和，长身而立，仪态端庄，一手持如意，一手立掌于胸前，赤足踏于祥云座之上。她身披华丽彩衣，工艺繁复，内穿矾红地描金折枝花卉纹上衣，衣领以黑彩描绘；外着紫地团莲纹袍、蓝地描金八卦纹披肩，衣领及袖边饰金地花卉纹；下身衣裙为两层，外层抱腰饰鹤春（即湖水绿）地冰裂团莲纹，内裙饰黑地描金折枝花卉纹。

　　此像推测为道教女神麻姑像。麻姑，又称寿仙娘娘，是道教神话中的一位女神，自称目睹了大海三次变成陆地。故古时以麻姑比喻高寿，在中国民间影响极为广泛。

广彩花口人物花卉纹双狮耳瓶

清·同治（1862—1874 年）

高 60.5、口径 20、腹径 26.1、底径 18 厘米

　　一对。花瓣口外撇，长颈，溜肩，长腹，圈足。瓶口封金，内沿绘一周金地缠枝莲纹。颈部附鎏金双狮耳，肩部贴塑四只鎏金蟠螭。瓶身满绘花果纹、八宝纹作地，其中还绘有岭南佳果荔枝。颈部前后绘葡萄纹锦地边开光，开光内绘庭院中明装仕女和男子。上腹部前后锦地大开光四角绘金地花卉，开光内绘庭院明装人物图；下腹部指甲开光内绘有多位明装仕女和男子。瓶身两侧绘菱花形开光和圆形开光，开光内亦绘明装人物故事图。胫部饰一周织金蝴蝶花果纹。整个瓶造型优美，纹饰繁而不乱，色彩艳丽。

广彩"金玉满堂"图盘

19 世纪
高 4、口径 25、底径 13.5 厘米

　　一对。折沿，浅腹，圈足。盘沿皆绘一周繁密的花鸟纹，对称分布的开光内亦绘有艳丽的花鸟纹。盘心以浅蓝色为地，绘"金玉满堂"纹饰，各种颜色的金鱼欢快地在水草间游动。鱼的画法笔触细腻，逼真又写实。此对盘的装饰繁复艳丽，极具观赏性和艺术性。

　　"金玉满堂"纹饰，由鱼藻纹演变而来，以多条色彩艳丽的金鱼搭配绿色水草，显得富丽华贵。"鱼"与"玉"同音，金鱼即"金玉"，是多财富足的象征；且鱼类生殖繁盛，也有多子多孙的吉祥寓意。"金玉满堂"寄托了家族传承生生不息、富贵延绵的美好祈愿。

广彩花卉纹贝形盏托

19 世纪
通高 7.5 厘米，盏托高 4.5，口径 7.8 厘米，底盘口径 22.5、底径 7.8 厘米

　　整体呈扇贝状，圈足外撇，底盘上塑有一杯形盏托，花口，有四个凹口。底盘边沿以金彩绘一周矛头状带纹；以干大红、金彩描绘的花草纹为中心，分隔成若干等份，每间隔内用胭脂红和绿彩绘折枝花卉纹；内底心由外向内各绘一周矛头状带纹、花卉纹及如意卷草纹。杯形盏托口沿饰金彩，杯壁有一周小方形镂空，外壁用干大红绘卷草花卉纹，用胭脂红及绿彩绘花卉纹。此器造型原样为西方银器，造型独特，施彩丰富，尤为精致灵动。

广彩花卉纹贝形盏托

19 世纪
通高 7.5 厘米，盏托高 4.5，口径 7.8 厘米，底盘口径 22.5、底径 7.8 厘米

广彩福禄寿图大瓶

清末（1875—1911 年）
高 60.5、口径 22、腹径 26.1、底径 19 厘米
王恒捐赠

　　花瓣口外撇，长颈，溜肩，长腹，圈足。颈部附双狮耳，肩部贴塑四只蟠螭。瓶身采用广彩"飞白人物"画法，颈部绘有教子图，腹部绘有福、禄、寿三神和麻姑的形象。腹部两侧面各题诗一首："好事重重喜气杨，三星拱照入华堂。福如东海年年在，寿比南山岁岁康。位极当朝功自大，名流后世德何芳。人生谁比如斯乐，福禄更兼寿且长。""谁使麻姑降蔡京，数周花甲庆长庚。三千桃熟迎王母，几点葩妍献寿城。玉指捧携龙烛种，金盆栽植凤仙明。可知掷米当年事，今日瑶池海屋庚。"题诗结尾均钤有"财星""得照"印章。人物描绘细致入微，神态气韵生动自然。

262

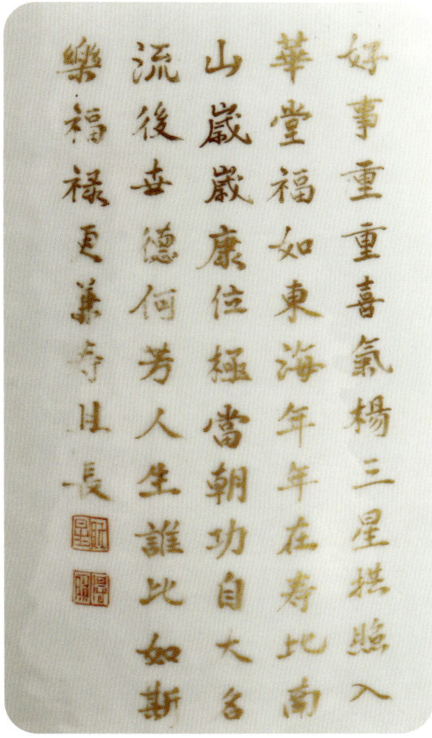
好事重重喜氣楊三星拱照入
華堂福如東海年年在壽比南
山歲歲康位極當朝功自大多
流後世德何芳人生誰比如斯
樂福祿更兼壽且長

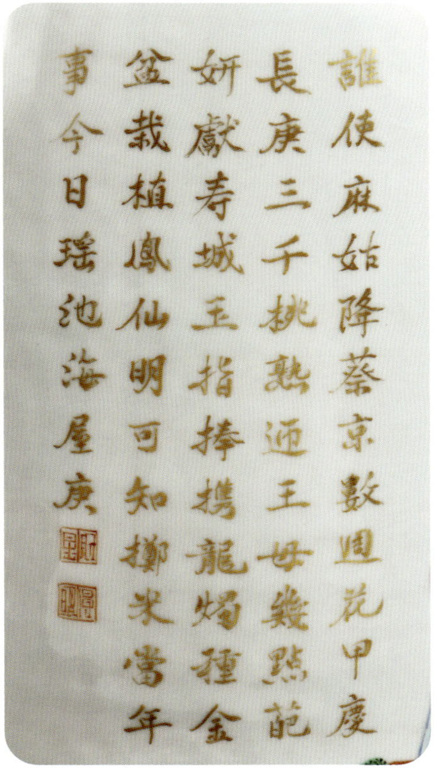
誰使麻姑降蔡京數週花甲慶
長庚三千桃熟逢王母幾點葩
妍獻壽城王指捧攜龍燭種金
盆栽植鳳仙明可知擲米當年
事今日瑤池海屋庚

清宣统二年（1910 年）

高 1.5、口径 26、底径 16 厘米

此为一整套餐具中的两件碟。折沿，浅腹，浅圈足。以广彩锦地纹为外边饰，内壁边饰一周绿彩带状纹加彩色吊珠纹。碟心绘博古纹，画面有插满鲜花的花瓶、梅花鹿、蝙蝠等，花瓶一侧的大蝙蝠环抱着詹姆斯·凯勒（James Keiller）的纹章，纹章上绘有家族纹章，书写箴言"FORTITER ET CELERITER"（意为"果断和敏捷"）。碟底均有红彩书"宣统年宝兴造"楷书款，外围写定制款"Alice Och James Keiller Canton 1910"（爱丽丝·奥赫和詹姆斯·凯勒，广州1910年）。清宣统皇帝在位仅三年，宣统外销纹章瓷难得一见，两件碟品相较为完整，且书有宣统年号、烧造厂商和订购者落款，故更具收藏与研究价值。

由落款可知，两件碟是詹姆斯·凯勒及其夫人爱丽丝定制，"宝兴"商行制造。同样的餐具凯勒夫妇在民国时期仍继续来广州定制（落款写当时的年份）。詹姆斯·凯勒，20世纪初瑞典著名收藏家、工业家、海洋探险家，曾经对瑞典东印度公司沉船"哥德堡号"进行过打捞，凯勒夫妇毕生致力于中国瓷器收藏。"宝兴"商行，创办于清咸丰年间（1851—1861年），主要经营陶瓷业务。

广彩鹿群图瓷板

清宣统二年（1910年）
直径 25.9、厚 0.7 厘米

　　圆形。绘六只神态各异的梅花鹿立于原野上，画法写实性强，笔触细腻。瓷板上题"庚戌粤彩广东博物商会高剑僧作"，并钤"剑公画"长方红印。由题款可知瓷板为庚戌年即1910年所作。

　　高剑僧是岭南画家高剑父幼弟，自幼从剑父学画，也是早期岭南画派名画家之一，作品传世不多，其所绘广彩瓷板画尤为难得。

广彩"广东博物商会制"款安居图盘

清末民初（20世纪初）
高2.8、口径22、底径13厘米
洪则涌捐赠

　　板沿，浅腹，圈足。口沿封金。板沿用红、绿、墨彩绘织锦纹作地，内壁绘四个对称的扇形开光，每个开光两端绘有岭南特色的红棉花，开光内绘山水图。盘心为月夜鹌鹑图，喷墨彩晕染夜色，留白圆月，草丛中一群鹌鹑在觅食。鹌鹑描绘细腻，纤毫可见，神态生动。鹌鹑因与"安"谐音，寓意"安居"，绘画中常称鹌鹑图为"安居图"。画面右下角写有"广东博物商会制"。盘底印有红彩篆书"广东博物商会制"款。

　　1908年，以岭南画派的高剑父、高奇峰等人为首，创立了"广东博物商会"，在广州珠江南岸宝岗附近的宝贤大街的一间旧式大屋设置画室，表面上从事彩瓷绘画工作，实际上是作为支援民主革命活动的掩护。广东博物商会将岭南画派的绘画风格带入广彩瓷的绘制中，题材有人物、山水、动物图等，并且还有暗讽政治现状、针砭时弊的题材。底款用红彩书写"广东博物商会制"，或中英文的"羊城芳村化观瓷画室"等。

广彩山水人物图盘

清末民初（20世纪初）
高 2.3、口径 20.5、底径 12.2 厘米

折沿，浅腹，圈足。盘内彩绘谢灵运游山图，谢灵运头戴斗笠，脚穿"谢公屐"，独自游玩于山水之间。外底心钤一红彩椭圆形中英文印章，中文为"羊城芳村化观瓷画室"。

谢灵运（385—433年），浙江会稽（今绍兴）人，原为陈郡谢氏士族，东晋名将谢玄之孙，小名"客"，人称谢客，又以袭封康乐公，称谢康公、谢康乐。著名山水诗人，主要创作活动在刘宋时代，是中国文学史上山水诗派的开创者。历史上传说谢灵运曾发明过一种活齿木屐，上山时去掉前齿，下山时去掉后齿，便于蹬坡和泥泞中行走，当时人们争相效仿，这种木屐称为"谢公屐"。李白有诗曰："谢公宿处今尚在，绿水荡漾清猿啼，脚着谢公屐，身登青云梯。"

广彩人物花卉纹花口凤耳瓶

民国时期（1912—1949 年）

高 62、口径 21.5、腹径 25.8、底径 17.5 厘米

　　花瓣口外撇，长颈，溜肩，长腹，圈足。瓶口封金，内口沿绘金地花卉纹开光，四个开光两两相对，较大的两个开光内绘双凤纹，较小的开光内绘绿龙纹。颈部附双凤耳，前后相对长方形开光内绘明装人物故事图，周围满绘花果纹。肩部贴塑四只蟠螭，前后各两只，两只蟠螭之间绘如意形开光，开光内绘金地花篮纹，辅以各色花卉、蝴蝶。瓶身满绘花蝶纹作地。上腹部绘前后相对的双凤戏珠开光，一面开光内绘庭院神兽山雉图，庭院中四只神兽在悠闲玩耍，一只山雉站在高处的花枝上；另一面开光内绘龙狮斗，几只狮子和一条龙在争夺一颗宝珠。下腹部绘双龙戏珠开光，开光内绘明装人物故事图。瓶身侧面绘有佛手形和书籍形小开光，开光内绘明装人物故事图。胫部绘织金花卉纹，其间绘四个开光，两个开光内绘鸳鸯荷塘图，两个开光内绘麒麟纹。此瓶造型优美，纹饰繁密，色彩绚丽，是民国时期传统风格广彩的佳作。

广彩人物花卉纹花口凤耳瓶局部

广彩人物图盘

民国时期（1912—1949 年）
高 2.5、口径 24.5、底径 17 厘米

　　折沿，浅腹，圈足。盘面绘一侠女，一手提剑，一手提人头，并有题诗："天风吹月坠危楼，万派河山接数秋，为问画灰缘底事，商量国贼要颅头。"落款为红彩"剑呼"印。此盘是民国时期漫画家何剑士所绘。

　　何剑士（1877—1917年），原名仲华，广东南海人。对书画、诗词、音乐、曲艺，无所不精，造诣亦高。何剑士深悟漫画（当时称谐画、讽画、滑稽画、喻画）之威力，遂致力于漫画事业。其所发表的漫画以政治题材为主，大部分是抨击清朝的反动统治措施，讽刺贪官污吏的种种丑行，批判社会上形形色色的不良风气。

广彩锦地花果蝶纹盘

20 世纪 50 年代
高 1.5、口径 23、底径 13 厘米
曹志雄捐赠

　　宽折沿，浅腹，浅圈足。口沿红彩封边，边沿饰一周红绿彩三角纹及一周金钱锦；内壁绘四个对称开光，开光内外均绘花鸟纹；盘心绘花果、蝴蝶等传统纹饰题材，其间还绘有岭南佳果佛手瓜、凤眼果。底部印有红彩英文款 "Y.T. DECORATED IN HONG KONG"（香港粤东广彩瓷厂），20 世纪 50 年代生产于中国香港。此盘绘工细致，繁简相宜，兼顾传统和创新。

广彩欧兆祺绘都江堰图盘

1972 年
高 4.5、口径 33、底径 18 厘米

    敞口，浅腹，双层底，圈足。口沿封金，内壁绘红彩描金锦地纹边饰，盘心绘都江堰水利工程图，山河辽阔，景象壮观，气势雄浑。

    都江堰是我国古代建设并使用至今的大型水利工程，位于四川省都江堰市城西，岷江上游。由战国时秦国蜀郡太守李冰及其子于约公元前256—前251年主持修建，经过历代整修，两千多年来依然发挥巨大的作用。都江堰工程以引水灌溉为主，兼有防洪排沙、水运、城市供水等综合效用，它所灌溉的成都平原是闻名天下的"天府之国"。1982年，都江堰被公布为第二批全国重点文物保护单位。2000年，都江堰以其为"当今世界年代久远、唯一留存、以无坝引水为特征的宏大水利工程"，与青城山共同作为一项世界文化遗产被列入《世界遗产名录》。

    欧兆祺（1948—2021年），广州工艺美术大师，中国艺术研究院特约研究员，广东省高级工艺美术师、高级技师，广州彩瓷荔湾区非物质文化遗产传承人，曾任广州织金彩瓷厂设计室主任、广东省工艺美术协会常务理事、广州彩瓷研究所副所长、广州织金彩瓷工艺厂技术顾问。他曾跟随王兆庭、赵国垣、谭炎、何炳祥等著名广彩老艺人学习广彩传统技艺，擅长画人物、山水、花鸟等。

广彩赵国垣绘大观园图双狮耳大瓶

1985 年
高 61.5、口径 21、腹径 22.6、底径 18 厘米
广州织金彩瓷厂捐赠

  花瓣口外撇，长颈，溜肩，长腹，圈足。颈部附对称双狮耳，肩部前后附四螭龙，均施金彩。瓶颈部开光绘博古图，腹部前后对称大开光内绘"大观园游乐"图，两侧小开光绘山石花鸟纹。此瓶纹饰构图丰满，绘画精细，描绘的人物繁多，生动自然，色彩绚丽。

  赵国垣（1924—1991年），广东佛山顺德人，1988年获"中国工艺美术大师"称号。赵国垣从事广彩瓷器艺术五十多年，他的作品笔法细腻，色彩绚丽，色彩对比强烈，在繁而不乱的构图中表现故事情节，使人、景、物穿插有序，自然而不失严谨，细腻而不落俗套。他技艺全面，彩绘人物尤其突出，并精于广彩颜料配制，是系统收集、整理和研究广彩历史的第一人。

广彩区冠舟绘开光仕女图带座灯罩

1985 年

通高 43.5、罩高 26、罩口径 13.6、罩腹径 19.4、座高 18.6、座面径 14.2、座底径 13.2 厘米

广州织金彩瓷厂捐赠

　　灯罩为灯笼形，座呈无裆樽形。罩与座通体饰锦地开光，以腹部两大开光为中心，开光内绘仕女赏花图，周围衬以多个开光，内绘花蝶、杂宝等纹饰，口沿绘回纹，下部饰变形莲瓣纹。灯罩腹部开光内分别用红彩书写铭文："区冠舟画于乙丑年（1985年）""广彩三百年名瓷展览""广东省博物馆珍藏广彩厂赠"。底部印红彩"中国广彩"花篮形款。此灯罩整体纹饰协调、美观，色彩缤纷，是广彩艺人区冠舟精心绘制的佳作。

　　区冠舟（1940年—），出生于广州，祖籍为广东佛山顺德。我国民间艺人、高级工艺师，从事广彩行业近半个世纪。师从司徒宁，擅长绘画人物、山水。

广彩区冠舟绘开光仕女图带座灯罩

广彩区冠舟绘开光仕女图带座灯罩

广彩区冠舟绘开光仕女图带座灯罩

广彩司徒宁绘"紫荆吐艳"图挂盘

1997 年
高 4.5、口径 36.5、底径 21.3 厘米

　　敞口，浅腹，圈足。此盘是著名广彩大师司徒宁先生于1997年为庆祝香港回归而创作。盘沿绘金地花卉"万"字锦地边饰，盘心绘盛开的紫荆花，小鸟展翅飞翔，象征香港回到祖国怀抱。盘上题字"紫荆吐艳 记一九九七年香港回归作于广州永安艺舍司徒宁"，红色椭圆形篆书印"羊城"，红色方形篆书印"司徒宁印"，底部篆书方印"岭南艺宛（苑）"。绘画精致秀美，构图意义深远。

　　司徒宁（1931—2018年），广东开平人，高级工艺美术师、中国陶瓷艺术大师。曾从事广彩瓷创作、技术管理及培训等工作，擅长彩绘人物、花鸟。2009年被评为广州彩瓷烧制文化遗产传承人，同年被评为广州工艺美术100双巧手之一。

广彩余培锡绘开光人物故事图直筒瓶

2002 年
高 51.5、口径 21、腹径 21、底径 20.5 厘米
余培锡捐赠

侈口，短束颈，直筒形腹，圈足。颈部饰开光花鸟纹，肩部饰杂宝纹，腹部主题纹饰绘人物故事图，近足部饰花鸟开光，色彩金碧辉煌，层次丰富。底部红彩书"余培七十三岁绘于莲花瓷厂　壬五（壬午）年"款。此瓶是广彩艺人余培锡的杰作。

余培锡（1929—2012年），又名余培，广东台山人。他擅长广彩动物、花卉、人物的工笔图案，尤其擅长广彩的"色上色""长行人物"等绝活，设计彩绘的技艺十分高超，创作造型能力强。为中国工艺美术大师、国家级非物质文化遗产项目广彩的代表性传承人。

高州窑

高州窑，瓷厂设在广东省茂名县南十里秋林（今高州市环城镇潭浦管理区蟹岭），为清末至民国时期粤西地区陶瓷窑厂。该厂在清末新政提倡兴办实业以振兴经济的背景下，由高州知府英麟创办于光绪三十二年（1906年），至宣统三年（1911年）进入民国以后停止生产，是地方政府振兴经济、发展民族工业而建立的府级窑厂。其产品主要分布于粤西地区，为周围一带人民的生活需要提供便利。

受晚清以来洋务运动及景德镇瓷器影响，高州窑以仿烧景德镇瓷器为主，产品种类较为丰富，如青花、五彩、青花加彩、青花釉里红、乌金釉、金镶玉等，以青花、釉里红、白釉、粉彩为主，尤以青花居多。器类亦多种多样，有天球瓶、花盆、大碗、杯、盅、碟、花架等。多数器物都有绘画装饰，或山水人物，或花鸟，为典型文人画风格。此外，一些笔筒、花瓶等还在器身上题有文字。

高州窑瓷胎较厚，有少量杂质，胎色白中泛灰，釉层较薄。青花分粗瓷和细瓷，粗瓷呈色为青中泛灰，细瓷呈色淡雅。一般情况下，粗瓷足底无款识，但在器内多有单个吉祥祝福语或字、号等作为装饰；细瓷则多在足底落款"高州府瓷业厂""高州府瓷业学堂制""高州瓷校"等，体现了高州府瓷业厂的发展历程，而"高州府瓷业厂"款瓷器则为高州窑的代表之作。

高州窑瓷器以其古朴端庄的形态、注重写实效果的装饰以及鲜明的文人画风格，与同时期的广彩瓷器或石湾陶器形成了鲜明的对比，在广东制瓷业中占有重要地位。

高州窑粉彩"诸葛亮七擒孟获"故事图长颈瓶

清（1644—1911 年）
高 44.5、口径 16.3、腹径 23.9、底径 15 厘米

撇口，长颈，球形腹，圈足外撇。口沿外饰锦地花卉、如意云纹各一周。颈中部绘一周锦地纹，上下绘仰覆蕉叶纹。肩部饰回纹、如意云间莲瓣纹各一周，如意云及莲瓣纹内以黄彩为地，绘花卉纹。腹部主题纹饰绘"诸葛亮七擒孟获"故事图，底书青花"高州府瓷业厂"双行楷书款。人物形象生动，色彩浓艳。

高州窑青花山水人物图方瓶

清（1644—1911 年）
高 26.1、长 11、宽 11 厘米

    瓶呈方柱形，直口内敛，四面以青花料绘山水人物图。山水颇有"四王"遗意，底书青花"高州府瓷业厂"双行楷书款。白釉较薄，白中带灰，器身有缩釉和窑裂现象，青花发色蓝中偏灰，色调淡雅。

论文

广东省文物考古研究院副研究馆员　石俊会

笔架山潮州窑遗址新发现的青白釉瓷器初探

潮州笔架山窑是北宋时期广东地区以青白瓷为主要产品、以满足外销市场需求为主要目的的重要窑场。遗址位于广东省潮州市湘桥区桥东街道韩江东岸笔架山一带，面向韩江的笔架山西坡是遗址的核心区域。2001 年该遗址被国务院公布为全国重点文物保护单位，遗址名称定为"笔架山潮州窑遗址"。因历史文献中并无"潮州窑"之名，按照考古学命名原则我们将笔架山窑场命名为"潮州笔架山窑"；同时，为了与国务院公布的遗址名称保持一致，遗址名称仍使用"笔架山潮州窑遗址"。笔架山潮州窑遗址自 1953 年被发现[1]之后，先后开展过多次正式的考古发掘工作，共发掘清理龙窑 11 座，按照考古发掘顺序分别编号为一号窑、二号窑……十一号窑。为配合潮州市韩江东岸"三旧改造"项目建设，广东省文物考古研究所（广东省文物考古研究院前身，2021 年改"所"为"院"）于 2018 年对笔架山潮州窑遗址保护范围西侧建设项目用地区域进行了文物考古调查和勘探工作。1986 年发掘的十号窑（Y10）位于遗址保护范围的核心区域，2018 年考古调查在十号窑所在山坡西侧山脚下编号为 2018CBTG4 的探沟内出土了一批瓷器、瓷片及窑具标本，其中 3 件印花或芒口印花瓷器及 1 件刻花花口瓶共计 4 件青白釉瓷器残件在过去已发表的潮州笔架山窑考古资料中未曾发现过，特别值得关注。2020 年在同一地点考古调查探沟内又发现 1 件尺寸较小、无纹饰的青白釉花口瓶，同时发现更多印花或芒口印花青白釉瓷器[2]。本文以 2018 年出土的 4 件青白釉瓷器为中心，拟对这批笔架山潮州窑遗址新发现的青白釉瓷器进行介绍，并对相关问题予以探讨。

一、笔架山潮州窑遗址新出土的青白釉瓷器

2018 年考古调查出土的 4 件青白釉瓷器残件均出自编号为 2018CBTG4 的探沟底部窑址废弃物堆积层，该探沟位于笔架山潮州窑遗址保护范围核心区域十号窑所在山坡西侧山脚下，探沟北侧约 50 米处曾于 2016 年考古调查中发现一处龙窑遗迹。4 件青白釉瓷器残件分别为印花碗底、芒口印花碗口沿、印花花口碟、刻花花口瓶。

印花碗底　弧壁，矮圈足。残高 2.5、圈足直径 5.2 厘米。胎色灰白，胎质坚硬，胎壁较薄。碗内壁和内底心分别模印凤穿花纹和花卉纹，内底心周围有一圈弦纹将内底心和碗内壁花纹分隔开。碗外壁和圈足内均为素面，外壁靠近圈足部位有明显跳刀痕。碗内外及圈足外壁施青白釉，釉层很薄，圈足内刮釉（图 1[3]）。

1　广东省博物馆编著《潮州笔架山宋代窑址发掘报告》，北京：文物出版社，1981 年，"前言"第 1 页。

2　本文中 2018 年和 2020 年考古资料均来自广东省文物考古研究院及其前身广东省文物考古研究所的考古调查、勘探资料。

3　图 1~6、图 13 由石俊会拍摄。

图 1　青白釉印花碗底

　　芒口印花碗口沿　敞口，圆唇，壁微弧。胎色灰白，胎质坚硬，胎壁较薄。口沿刮釉形成芒口，内壁口沿下模印一圈回纹边饰，内壁模印凤鸟纹，外壁素面无纹饰。芒口以外均施青白釉，釉层很薄。外壁口沿残留一层薄薄的黑色附着物，推测应为芒口银扣装饰残留物（图2）。

　　印花花口碟　敞口，宽折沿略凹，弧壁，折腹，小饼足。高2.2、口径11.2、底径3.4厘米。胎色灰白，胎质坚硬，胎壁较薄。口呈葵花口，宽折沿模印一圈花草纹，内壁压印菊瓣纹，内底较平，模印花卉纹。外壁及饼足素面无纹饰。器内外及饼足壁施青白釉，釉层很薄，饼足底未施釉（图3）。

　　刻花花口瓶　敞口，束颈，溜肩，鼓腹。残高22、口径约12厘米，腹部以下缺失。胎色灰白，胎质坚硬，胎壁较薄。口沿呈7曲向外翻卷的花瓣形，颈部刻划莲瓣纹及多周弦纹，肩部和腹部篦划卷草纹。器表及口、颈部内壁施青白釉，釉层很薄，釉面有冰裂纹（图4）。

　　2020年，为配合笔架山潮州窑考古遗址公园建设，广东省文物考古研究所对笔架山潮州窑遗址十号窑（Y10）周边进行重点调查、勘探工作，并对2018年考古调查的探沟2018CBTG4所在地点再次进行考古勘探，在同一地层堆积中再次出土一批与2018年出土的4件青白釉瓷器风格相同的瓷器，包括1件尺寸较小、表面无刻划纹饰的青白釉花口瓶（图5）和多件印花及芒口印花青白釉瓷器。其中1件青白釉芒口印花碗（图6）印花纹饰与2018年出土的青白釉印花碗底和芒口印花碗口沿的纹饰基本相同。

图 2　青白釉芒口印花碗口沿

图 3　青白釉印花花口碟

图 4　青白釉刻花花口瓶　　　　图 5　2020 年出土青白釉　　　图 6　2020 年出土青白釉芒口印花碗
　　　　　　　　　　　　　　　　　　　　花口瓶

二、新发现的青白釉瓷器产地分析

　　新发现的这批青白釉瓷器中，有 2 件花口瓶和多件印花及芒口印花碗、碟类瓷器。笔架山潮州窑遗址自 1953 年被发现至今，曾经做过多次文物考古调查和发掘工作，已经正式发表的考古报告有两个：1981 年广东省博物馆编著的《潮州笔架山宋代窑址发掘报告》[4]，公布了 1958 年和 1972 年发掘的 6 座窑址（Y1~Y6）的发掘资料及部分笔架山窑址采集的文物标本，出土遗物中可看出器形的瓷器共 1300 件（不含窑具）；发表于《考古》1983 年第 6 期的《广东潮州笔架山宋代瓷窑》[5]，公布了 1980 年发掘的 3 座窑址（Y7~Y9）的发掘资料，出土遗物共 608 件（含窑具）。查阅上述两个考古发掘报告的文字描述和图片资料（图 7~10[6]），均未见到青白釉花口瓶和印花及芒口印花碗、碟类瓷器。最近十多年出版的与潮州笔架山窑有关的几个展览图录，例如《南国瓷珍——潮州窑瓷器精萃》[7]《中国瓷都潮州陶瓷精品集》[8]《中国潮州窑》[9] 等，发表了不少潮州笔架山窑出土文物彩色照片，而且还涉及尚未正式出版的考古报告中笔架山十号窑的部分文物照片（图 11[10]、12[11]），但是，在这

4　广东省博物馆编著《潮州笔架山宋代窑址发掘报告》，北京：文物出版社，1981 年。

5　黄玉质、杨少祥：《广东潮州笔架山宋代瓷窑》，《考古》1983 年第 6 期。

6　图 7~10 分别采自广东省博物馆编著《潮州笔架山宋代窑址发掘报告》，北京：文物出版社，1981 年，第 18、19、21、20 页。

7　广东省博物馆编《南国瓷珍——潮州窑瓷器精萃》，广州：岭南美术出版社，2011 年。

8　中国美术馆《中国瓷都潮州陶瓷精品集》，北京：文物出版社，2006 年。

9　北京艺术博物馆编《中国潮州窑》，北京：中国华侨出版社，2015 年。

10　广东省博物馆编《南国瓷珍——潮州窑瓷器精萃》，第 27 页。

11　北京艺术博物馆编《中国潮州窑》，第 104 页。

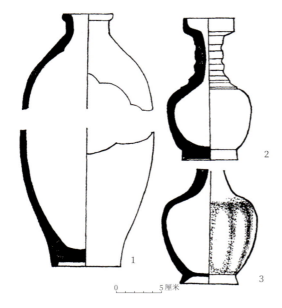

图 7　潮州笔架山一至六号窑出土的瓶

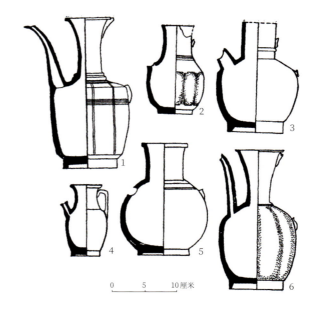

图 8　潮州笔架山一至六号窑出土的壶

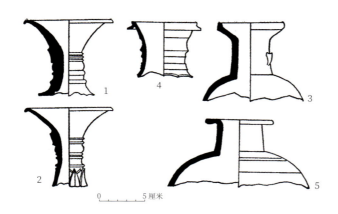

图 9　潮州笔架山一至六号窑出土的壶口部残件

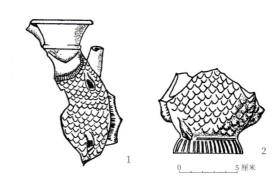

图 10　潮州笔架山一至六号窑出土的鱼形壶

图 11　潮州笔架山十号窑出土的青白釉瓜棱执壶（北宋，高26、口径7.8、底径8.8厘米）

图 12　潮州笔架山十号窑出土的青白釉盘口瓜棱瓶（北宋，高13、口径5.4、底径4.3厘米）

些图录中同样未能见到 2018 年和 2020 年新发现的这类青白釉瓷器。那么，新发现的这批青白釉瓷器到底是不是潮州笔架山窑的产品？

首先，2018 年新发现的青白釉瓷器残件均出自笔架山潮州窑遗址编号为 2018CBTG4 的探沟底部窑址废弃物堆积层，出土位置明确，这是确凿无疑的。根据 2020 年考古勘探情况观察，2020 年新发现的青白釉瓷器与 2018 年出土的 4 件青白釉瓷器处于同一地层，且叠压在一座房屋基础之上，该房屋墙基用废旧匣钵和砖混砌而成，叠压房屋基础的地层中出土宋代瓦当（图 13），据此推测该房屋及叠压房屋基础的地层出土的青白釉瓷器等遗物均与潮州笔架山窑相关。房屋基础使用了废旧匣钵，说明房屋始建时间晚于潮州笔架山窑兴起时间；房屋被窑址废弃物堆积层叠压，说明房屋倒塌废弃时间早于窑址废弃物堆积层形成时间，假设窑址废弃物堆积层属于烧窑过程中的一次性堆积，那么这处房屋就属于窑业生产过程中窑工或者窑业管理人员建造和使用的建筑，窑业废弃物堆积层新发现的这批青白釉瓷器极有可能是房屋使用人的生活用品，不一定是笔架山窑产品。当然，也不排除这批青白釉瓷器是该房屋同时期尚未被发现的龙窑的产品。

其次，这批新发现的印花或芒口印花瓷器的花纹繁密、工整，层次感强，风格非常接近；且这批青白釉瓷器包括花口瓶在内的胎质、胎色、釉色及釉层厚薄也非常一致，很可能是同一窑口、同一批产品。

图 13　2020 年出土瓦当

综上所述，新发现的这批青白釉瓷器虽然在过去笔架山潮州窑遗址考古资料中未曾见到，但是出土于同一地点、同一地层，胎质、胎色、施釉和纹饰风格都基本一致，属于同一窑口、同一批产品的可能性比较大，初步判断应为某座尚未被发现的潮州笔架山窑的产品。

｜三、新发现的青白釉瓷器时代分析｜

潮州笔架山窑的年代，根据两个已正式出版的考古发掘报告的结论，都是北宋时期。也有学者有不同意见，例如李辉柄先生认为应该为北宋到元代，他的理由是"在遗址中也拾到一些晚于宋代的遗物，一般胎体较为厚重，无纹饰，制作较粗，最明显的是一种折沿盘，沿口向上卷起，盘里浅刻象征性的菊瓣纹一周。这种盘具有典型的元代作风，在浙江龙泉窑中也是最常见的"[12]。遗址采集的遗物是不是笔架山窑的产品尚不能肯定，而且，从目前已知的考古资料来看，遗址考古调查和发掘均未发现更多元代风格遗物，因此，李辉柄先生关于笔架山窑址烧造时间能到元代的年代判定

12　李辉柄：《广东潮州古瓷窑址调查》，《考古》1979 年第 5 期。

并没有确凿的证据。

新发现的这批青白釉瓷器与过去笔架山潮州窑遗址考古资料中的遗物相比较，确实有较大区别，其中青白釉花口瓶和芒口印花瓷器都有明显的时代特征。

（一）青白釉花口瓶

花口瓷器最早出现在浙江慈溪上林湖越窑[13]，《上林湖越窑》发掘报告中越窑年代分期的后段四期，即公元8世纪下叶至9世纪中叶的中晚唐时期[14]。最初的花口瓷器器类有碗、盘和盆，后来发展到杯、盏、钵、洗、盏托、渣斗（唾壶）等其他器类上，花口形式一开始是葵花口和海棠花口，后来还出现了莲花口、荷叶口、菱花口等。

花口瓷器在越窑出现后，很快就遍及南北方多个地区和不同窑口，例如广东潮州唐代北关窑[15]、广东梅县水车窑[16]、广东梅县畲坑3号唐墓[17]（图14[18]）、福建福州五代后唐长兴三年（932年）王审知墓[19] 等都出土有青瓷花口碗。

相对于花口瓷器的最早出现时间，花口瓶的出现要晚一些。《中国古陶瓷图典》"花口瓶"词条中写道："花口瓶唐代已有烧制，流行于宋、金时期，宋代景德镇、磁州、耀州等窑都烧制花口瓶，基本形式为花口，细颈，圆腹，撇足。"[20] 花口瓶的出现不仅受到西方金银器造型的影响，还受到了我国北方少数民族文化的影响，宋代丰富多彩的器皿造型样式，很多根源于少数民族和外来器形。秦大树先生在《宋元时期磁州窑瓶类器物的发

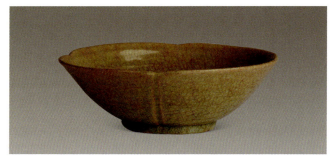

图 14　唐代梅县畲坑 3 号墓出土青釉葵口碗
（高 7.5、口径 22.5、底径 10.2 厘米）

13　戴叶君：《中晚唐瓷器花口风格试探》，《荣宝斋》2008 年第 3 期。

14　慈溪市博物馆编《上林湖越窑》，北京：科学出版社，2002 年，第 198 页。

15　曾广亿：《广东潮安北郊唐代窑址》，《考古》1964 年第 4 期。

16　杨少祥：《广东梅县市唐宋窑址》，《考古》1994 年第 3 期。

17　广东省博物馆：《广东梅县古墓葬和古窑址调查、发掘简报》，《考古》1987 年第 3 期。

18　北京艺术博物馆编《中国潮州窑》，北京：中国华侨出版社，2015 年，第 15 页。

19　陈邵龙：《福建纪年瓷器》，福州：海峡出版发行集团海峡书局，2015 年，第 184 页。

20　《中国古陶瓷图典》编辑委员会编，冯先铭主编《中国古陶瓷图典》，北京：文物出版社，1998 年，第 140 页。

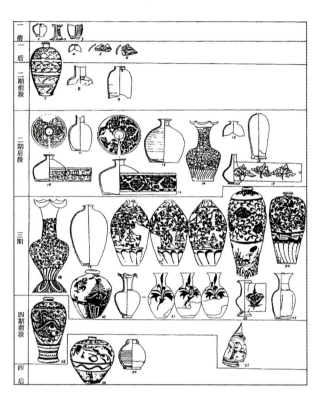

图15 观台窑瓶类器物分期表

展及其使用功能探讨》[21] 一文中对观台磁州窑址瓶类器物的发展演变做了系统梳理，将其分为四期七段，并制作了一个分期表（图15），从第二期后段（北宋末的徽、钦二朝和金海陵王朝）到第四期前段（金末至元前期），即1101—1307年，都有长颈花口瓶发现。北宋定窑白瓷花口瓶（图16[22]）虽然釉色和纹饰同磁州窑花口瓶区别很大，但是与磁州窑同属北方窑场，时代基本一致，因而器形风格还是很接近的。元是蒙古族建立的政权，元代基本延续了宋金时期长颈花口瓶的风格，但在器形上有所改变，例如元代磁州窑峰峰矿区出土的黑釉喇叭口花口瓶[23]和白地黑花花口瓶[24]。

青白瓷花口瓶是五代末、北宋初青白瓷创烧之后才出现的新器形。最早创烧青白瓷的是南方原来传统青瓷产区的安徽繁昌窑。繁昌窑位于五代十国时期南方十国之一的南唐国境内，是五代至北宋中叶青白瓷的生产中心，充当了南唐国的"官窑"。江西景德镇窑场在南唐国覆亡后的北宋取代繁昌窑成为南方青白瓷的生产中心[25]。景德镇湖田窑始烧于五代时期，产品主要为青瓷器[26]。湖田窑至今尚未发现有五代时期青白瓷产品，而到了北宋早期转变为以生产青白瓷为主。北宋中期，青白瓷不仅成为湖田窑的主导产品，而且很快进入青白瓷发展鼎盛

图16 北宋定窑白瓷花口瓶

21 秦大树：《宋元时期磁州窑瓶类器物的发展及其使用功能探讨》，《南方文物》2000年第4期。

22 秦大树等：《宋人的生活与器具实录》，《收藏》2016年第11期。

23 邯郸市博物馆、磁县博物馆编《磁州窑古瓷》，西安：陕西人民美术出版社，2004年，第84页。

24 邯郸市博物馆、磁县博物馆编《磁州窑古瓷》，第85页。

25 崔名芳、朱建华：《试析繁昌窑与景德镇窑青白瓷发展之关系》，《东南文化》2016年第1期。

26 耿宝昌、涂华主编，彭涛、彭适凡著《中国古代名窑系列丛书·湖田窑》，南昌：江西美术出版社，2016年，第4页。

时期，景德镇湖田窑一跃成为国内烧造青白瓷诸窑之首，其烧造技艺不仅很快传播到江西境内十余个县市，例如南丰白舍窑、吉州永和窑、赣州七里镇窑等，而且其他原来不烧青白瓷的省区，例如浙江、福建、广东、广西、湖南、湖北等地的窑址受其影响也相继开始烧造青白瓷，最终形成一个远销海内外的以景德镇窑为代表的青白瓷窑系[27]。景德镇湖田窑址早期出土青白釉花口瓶较多，器形为花口，束颈，有的颈部饰一组弦纹，有的花口内侧出筋。

图17 景德镇湖田窑青白釉花口瓶

但是窑址未发现完整花口瓶，也没有可以复原的器物，发掘报告仅选择2件标本进行介绍，其一残存口颈部，颈较细长，颈部有两组弦纹，灰白胎，青白釉，残高5.7、口径5.3厘米；另一件同样残存口颈部，与花口对应处的口沿内侧塑阳筋，颈较细短，颈部有两组弦纹，白胎，青白釉，残高6.1、口径6.8厘米（图17[28]）。湖田窑址也出土有长颈瓶，但是没有发现花口造型[29]。

在景德镇青白瓷窑影响下发展起来的福建德化窑也烧造青白釉花口瓶。德化窑是福建省德化县烧造白瓷和青白瓷窑址的统称，德化窑已经发掘的重要青白瓷窑址有两处，一是盖德碗坪仑窑址，一是浔中屈斗宫窑址。碗坪仑窑址发现两座不同时期的窑炉，分属上下两个地层，下层窑炉为北宋晚期，上层窑炉为南宋初期。北宋晚期出土器物以白釉和影青釉（即青白釉）瓷器为主，未见花口瓶。南宋早期出土器物以青灰釉瓷器为主，影青釉瓷器处于次要地位，但是在以影青釉为主的42件瓷瓶标本中，有26件荷叶形喇叭口花口瓶，器形为高颈鼓腹，圈足。颈部多施弦纹，肩部有弦纹、莲瓣纹等，也有肩部附加兽面双耳，腹部多为莲花纹、云纹和篦划纹（图18[30]）。器形大小悬殊，最大的高达46.5厘米，最小的仅高15厘米，口径5~17、腹径9~21.4、足径5.5~10.4厘米。此类花口瓶残片非常多，属于该窑址的主要产品[31]。屈斗宫窑址发现一座较为完整的元代龙窑，出土物除了大

27　江西省文物考古研究所等：《景德镇湖田窑址——1988~1999年考古发掘报告》（上），北京：文物出版社，2007年，第2页；冯先铭：《我国宋元时期的青白瓷》，《故宫博物院院刊》1979年第3期。

28　江西省文物考古研究所等：《景德镇湖田窑址——1988~1999年考古发掘报告》（下），彩版五八。

29　江西省文物考古研究所等：《景德镇湖田窑址——1988~1999年考古发掘报告》（上），第167~169页。

30　福建省博物馆：《德化窑》，北京：文物出版社，1990年，第69页。

31　福建省博物馆：《德化窑》，第5~9、68~70页。

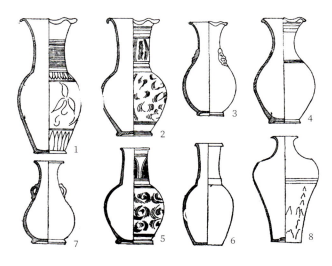

图 18　福建德化碗坪仑窑址出土青白釉瓶

量白釉和青白釉芒口瓷器外，还有模具和堆积如山的支圈窑具，虽然出土瓶类器物数量不少，但是并未发现花口瓶[32]。

潮州笔架山窑也是在景德镇青白瓷窑业影响下发展起来的窑场[33]，笔架山潮州窑遗址2018 年新发现的青白釉花口瓶口径达到 12厘米，要比湖田窑的花口瓶大得多，从颈肩部连接处的特征来看，景德镇湖田窑的花口瓶一般有明显的转折，而笔架山这件颈肩部是弧形过渡，基本没有转折痕迹。虽然两者区别明显，但是整体风格相似，因此，无论笔架山潮州窑遗址发现的这两件青白釉花口瓶是不是潮州笔架山窑的产品，其时代应该与景德镇湖田窑花口瓶同时或稍晚，亦可推定在北宋晚期或南宋早期。笔架山潮州窑遗址新发现的青白釉花口瓶同德化碗坪仑窑花口瓶比较，碗坪仑窑自身的产品尺寸相差悬殊，但也有同笔架山这件尺寸相当的，从颈肩部连接特征来说，德化窑既有转折明显的，也有弧线过渡没有转折痕迹的，虽然从碗坪仑窑考古发掘报告内的图片来看，没有纹饰和器形同笔架山这件完全相同的，但无论从尺寸大小还是从器形和纹饰来看，两者都具有相似的风格，其时代应该相同或接近。由此推断，笔架山潮州窑遗址新发现的青白釉花口瓶时代应为南宋早期或其前后。

（二）芒口印花瓷器

笔架山潮州窑遗址新发现的多件印花及芒口印花青白釉瓷器，其纹饰繁密、工整，层次感强，芒口碗还有一圈回纹边饰，这都是过去发现的潮州笔架山窑遗物所未曾见过的。过去发现的青白釉瓷器装饰技法以划花为主，其次是刻花、贴塑和镂空，印花很少见[34]。而且印花装饰均用于鱼形壶和炉，其他器类例如碗、盘、碟、盏等未见有印花装饰。装烧方式方面，芒口印花碗反映的是覆烧的装烧方式。笔架山潮州窑遗址过去的考古资料中均未见到覆烧芒口器，也未见到覆烧窑具。

32　福建省博物馆：《德化窑》，北京：文物出版社，1990 年，第 77~79、87~89 页。

33　王嫚：《景德镇湖田窑与潮州笔架山窑青白瓷的比较研究》，《中原文物》2015 年第 1 期。

34　王嫚：《景德镇湖田窑与潮州笔架山窑青白瓷的比较研究》，《中原文物》2015 年第 1 期。

青白釉印花装饰工艺是继早期青白釉刻划花工艺之后发展起来的。北宋芒口覆烧最早起源于北方定窑，北宋后期开始南传，北宋后期至南宋早期景德镇湖田窑采用多级垫钵和多级垫盘覆烧青白釉芒口瓷器，南宋中后期采用了定窑的支圈组合式覆烧方法[35]。景德镇湖田窑址的芒口器和印花装饰均出现于三期前段，此段的芒口器采用刻划或印花装饰，印花装饰见于碗心、盘底，或盒盖上模印鱼纹、朵花等，印花技术刚开始发育，相对较少[36]。到了三期后段，芒口碗外壁刻划水草纹，内壁多模印水藻双鱼或凤穿牡丹纹饰。芒口盘主要在内底对称分组模印三、四组团花装饰或游鱼纹饰，不见繁密的印纹，构图疏朗、大方[37]。第四期时，湖田窑覆烧芒口器大量流行，在芒口碗、盘内底及内壁多模印各种纹饰，内底常印开光内饰折枝梅、凤穿牡丹、凤穿荷塘、盆景山石、双龙、双鱼纹等，内壁常印

图 19 景德镇湖田窑青白釉芒口印花盘

缠枝花、仰莲、如意、回纹等。模印纹饰布局疏朗，题材寓意深刻，装饰严谨，印纹清晰，具有浓郁的生活情趣[38]。笔架山潮州窑遗址新发现的芒口印花碗从纹样及纹饰特征上看与湖田窑址三期后段及第四期接近。根据景德镇湖田窑址发掘报告，湖田窑址三期后段时代推定在公元1101—1127年[39]，第四期推定在公元1127—1224年[40]，也就是北宋晚期和南宋早期。而在《景德镇湖田窑作品集》一书中，有1件南宋青白釉芒口印花盘（图19[41]），器物芒口口沿、回纹边饰、内壁凤穿牡丹纹饰和内底心纹饰同笔架山潮州窑遗址新发现的印花碗都十分相似，因此，笔架山潮州窑遗址新发现的芒口印花碗的时代属于南宋的可能性非

35　《中国古陶瓷图典》编辑委员会编，冯先铭主编《中国古陶瓷图典》，北京：文物出版社，1998年，第388页。

36　江西省文物考古研究所等：《景德镇湖田窑址——1988~1999年考古发掘报告》（上），北京：文物出版社，2007年，第453页。

37　江西省文物考古研究所等：《景德镇湖田窑址——1988~1999年考古发掘报告》（上），第454页。

38　江西省文物考古研究所等：《景德镇湖田窑址——1988~1999年考古发掘报告》（上），第456页。

39　江西省文物考古研究所等：《景德镇湖田窑址——1988~1999年考古发掘报告》（上），第455页。

40　江西省文物考古研究所等：《景德镇湖田窑址——1988~1999年考古发掘报告》（上），第457页。

41　徐长青编著《景德镇湖田窑作品集》，武汉：湖北美术出版社，2005年，第54页。

常大。笔架山窑青白瓷的烧造是在景德镇青白瓷窑场的影响下发展起来的[42]，笔架山窑址新发现的印花瓷器如果能确认是笔架山窑的产品，那么其时代应该与景德镇湖田窑同时或稍晚，因此其时代亦可推定在北宋晚期或南宋早期，南宋早期的可能性更大。

综上所述，笔架山潮州窑遗址新发现的这批青白釉瓷器时代推定为北宋晚期至南宋早期，这与笔架山潮州窑遗址已出版的考古发掘报告推定的北宋时期有一定的出入，两者在北宋晚期是重合的，南宋早期则是北宋的延续，因此，笔架山潮州窑遗址新发现的青白釉瓷器很有可能是笔架山潮州窑延烧到南宋早期的实物证据。

四、新发现的青白釉瓷器与周围窑址的关系

广东省内受景德镇影响烧造青白瓷并且距离潮州笔架山不远的北宋窑址主要有广州西村窑址[43]和惠州东平窑址[44]。查阅这两个窑址的考古发掘报告，广州西村窑有印花瓷器，但都是仿耀州窑的青釉印花瓷器，影青釉（青白釉）瓷器则均为刻划花装饰，没有印花装饰，没有芒口器，也没有花口瓶；惠州东平窑未发现任何印花瓷器，也未发现芒口器和花口瓶器形。因此，笔架山潮州窑遗址新发现的青白釉瓷器与广州西村窑和惠州东平窑都没有直接的关系。

与潮州笔架山窑同属于韩江流域的韩江上游梅州市梅县瑶上窑址发现有 3 件印花碗和 8 件印花碟，均为胎质细薄、造型精巧的青白釉瓷器，而且有口沿刮釉的覆烧芒口器，时代与江西仿定窑覆烧芒口印花青白釉瓷器的窑址相当，约在南宋时期[45]。其中的印花碗器形为侈口，壁微弧，圈足，内沿下印回纹一周，内壁印牡丹飞凤纹（图20[46]），这与笔架山潮州窑遗址新发现的芒口印花碗底器形及纹饰特征类似，但内底心无印花装饰，

图 20　梅县瑶上窑青白釉印花牡丹凤纹碗

42　王嫚：《景德镇湖田窑与潮州笔架山窑青白瓷的比较研究》，《中原文物》2015 年第 1 期。

43　广州市文物管理委员会、香港中文大学文物馆编《广州西村窑》，香港中文大学中国文化研究所中国考古艺术中心，1987 年。

44　惠阳地区文化局、惠州市文化局、广东省博物馆：《广东惠州北宋窑址清理简报》，《文物》1977 年第 8 期。

45　杨少祥：《广东梅县市唐宋窑址》，《考古》1994 年第 3 期。

46　北京艺术博物馆编《中国潮州窑》，北京：中国华侨出版社，2015 年，第 165 页。

与笔架山潮州窑遗址新发现的印花碗完全不同。印花碟器形为凹底或圈足，敞口（图21[47]），未见宽折沿和饼足，同笔架山潮州窑遗址新发现的印花碟区别比较大。梅县瑶上窑同时烧造大量青白釉刻划花装饰的瓷器，尤其是其中的碗、壶和莲花炉，在造型和釉色上与笔架山窑有相承之处，应是在笔架山窑影响下发展起来的一处南宋窑场。因此，梅县瑶上窑址的印花瓷器与笔架山潮州窑遗址新发现的印花瓷器有可能属于同时期同类产品，也有可能在烧造技术上有一定的继承关系。

图21　梅县瑶上窑青白釉印花莲纹碟

｜五、结语｜

笔架山潮州窑遗址新发现的青白釉瓷器，包括2件花口瓶和多件印花或芒口印花碗和碟，出土于同一地点、同一地层，胎质和釉色基本一致，属于潮州笔架山窑同一窑口、同一批次产品的可能性比较大，但也不排除属于外地输入的日常生活用器的可能性。从器形、釉色及装饰风格上看，与江西景德镇湖田窑址北宋晚期和南宋早期的同类器物非常接近，与福建德化窑碗坪仑窑址的南宋早期产品也基本类似，因此，笔架山潮州窑遗址新发现的这批青白釉瓷器时代应为北宋晚期至南宋早期，属于南宋早期的可能性更大，很可能是潮州笔架山窑延烧到南宋早期的实物证据。韩江上游梅州市梅县瑶上窑址是一处南宋窑场，瑶上窑址发现的芒口印花瓷器同笔架山潮州窑遗址发现的青白釉印花瓷器很可能属于同时期的同类产品，也有可能在烧造技术上有一定的继承关系。

47　北京艺术博物馆编《中国潮州窑》，北京：中国华侨出版社，2015年，第166页。

广州艺术博物院研究馆员　黎丽明

从民间日用到珍品展示：近代以来石湾陶器与鉴藏风之兴起

石湾窑作为广东名窑之一，有悠久的历史。石湾窑今属广东省佛山市，在民国以前则属广东省南海县。其时，与明清四大名镇之一佛山镇毗邻的南海石湾，西江支流东平河流经全镇，商贸与手工业发达，尤以陶瓷生产为重，由此成为带动邻近地区发展的重要城镇。石湾的陶瓷生产，始于唐宋而盛于明清。据地方文献记载，元时的石湾已聚居数个宗族并建有窑场，至明末，当地已有"石湾瓦，甲天下"的谚语。新近的考古发掘证明，"南海Ⅰ号"等古代沉船与南越国宫署遗址宋代堆层出土（水）的酱釉大罐等器物，皆产自奇石窑和文头岭窑。由此可见，距离石湾大约7千米外、东平河上游的奇石、文头岭，在宋时曾是重要的窑场。但随着河道日渐淤塞缩窄，奇石、文头岭一带至明清时便逐渐衰落，专事陶瓷生产的窑场作坊从上游向下迁移，石湾陶业由此发展兴盛。

石湾陶业以民窑形式经营，主要生产民间日用陶器，产品大量销往两广及东南亚地区。然而，当时当地的文人甚少提及关于此方面的种种信息，乡人也仅围绕陶器作为日用器皿及其生产情况作简单的记述，而民国以后的出版物却多介绍观赏类的陶瓷器，两者对比鲜明。事实上，这是由近代以来鉴藏之风的兴起、鉴藏知识的形成，以及公共展览、博物馆的发展等各方面因素所推动的。本文试图通过爬梳近代以来石湾陶器被推为珍品展示的发展历程，进而探讨民间日用品石湾陶器进入今日博物馆藏品体系的原因与历史意义。

| 一、事关生意：明清时期地方文献中的石湾窑 |

在明清两代，石湾陶器是一种价格相对便宜的地方性民用瓦器。石湾陶器的主要原料为陶泥，所施的釉料以植物灰和矿物为主，受限于原材料和制造工艺，这类陶器胎体往往比较厚重，器形朴拙。明代礼部尚书霍韬（1487—1540年）在其《霍渭厓家训》中训示子孙日常祠堂祭祀、饮食器具需用石湾瓦器，不可用饶州瓷器[1]。霍氏乃世家大族，其所使用日常器具应是价格较高且质地细腻的景德镇瓷器，不必使用器形笨拙、价格便宜的石湾瓦器，霍韬却将石湾瓦器写入家训并殷殷提点族人不能骄奢，可见石湾瓦器在当地百姓生活中存在的价值与意义。据新近考古发现，奇石至石湾一带在宋元时期为当地与相邻地区提供大量的日用陶器，两者由此相互印证。

瓦器因其价格低廉、实用性强，被民众广泛使用，由于其不能作为用于观赏的"雅器"而甚少被古代士人重视。基于此，由士人所修的族谱也仅围绕当地瓦器生产经营作一二记述。例如石湾《太

1　"凡家恒食，及会膳食，用石湾瓦器，不许用饶州磁器"，"凡祠堂祭祀，只三爵用银外，酒瓶、茶壶、酒盏、茶盏、碗及碟，俱用石湾瓦器"。见《霍渭厓家训》卷一，第十篇"器用"，桂林：广西师范大学出版社，2015年，第61~63页。

原霍氏崇本堂族谱》所收录的一份在清康熙十年（1671年）重新订立的窑灶合股与分红合同：

> 立合同人霍昌祚、霍祖文等，体得祖建文灶，经今三百余年，近因灶额，竟成荒地。虽岁赁贮缸瓦，所入无几，致有不肖子孙或私写按揭，或串本族异族，有契无契，借名占踞……诸如此类，不可胜数。若不早同齐心协理，祖灶终为不肖子孙荡尽，祖祭何凭，不已将现赁停货之租，两房齐收，于清明拜扫，当众支销。后日两房子孙共出银两，搭盖寮铺，租入既丰，则除国课外，尽为拜扫祭祀之用。倘有不肖子孙，仍踵前辄，两房齐心，呈官究治毋纵。其所收租银，俱于清明前五日，两房行年齐收，毋得私收。立合同一样二本，各执一本永照。文灶系西边旧地。[2]

由此可见，合同为霍氏两房人所订立。其中提到的霍昌祚、霍祖文，并不是自然人，而是两个里甲户口。由于当地龙窑的体积较大，当地的小作坊一般采用"搭烧"办法烧制陶瓷，即数个作坊将陶器汇合起来同烧一窑。合同中提到，他们除了筑窑出租之外，还有"搭盖寮铺"出租。当地人也称工场为"寮"，即在窑灶旁边搭盖工场、作坊，为"搭烧"作坊提供配套服务。可见这片以祭祀祖先为名登记的土地，通过交土地税的方式得到了官府的承认和保护，实质却是经营租借窑灶、工场生意。不仅仅是窑灶，它邻近的寮场（工场）也往往成为当地祖尝的重要组成部分。如《廖维则堂家谱》就记载了廖氏家庙的祀典尝业包括高辛灶南向寮二间、松园灶边寮二间、秋风灶寮合掌一连四间、松园灶东砸寮一连二间等[3]。这些族谱，如同账本一样，记录了为宗族所掌控的陶业工场财产，也记录了各房子孙可享用祖祚（租金收入）的分配情况。

明清时期，宗族组织作为控产机构，经营窑炉（本地窑炉以"龙窑"为主，占地面积大且投入成本高），为以小型手工作坊为主体的石湾陶业提供了迅猛发展的基本条件。随着宗族组织逐渐壮大，其所经营的石湾窑蓬勃发展，与此同时，陶瓷制造技术日益成熟，出现了有别于一般日用瓦器的文房摆件精品。石湾窑善仿官、哥、汝、钧等名窑，出现了不少著名店号，如杨昇、可松、祖唐居、陈粤彩、杨名、陈文成等。这些店号主要制作瓶、炉、壁挂等器皿。以广东省博物馆所藏的翠毛釉梅瓶为例（见本书第56页图版），棕色陶胎，全器满施仿钧蓝窑变釉。因釉在烧制过程中流淌变化，以深浅不一的蓝色为基调，其间杂以流淌白色的釉色，形成状如翠鸟羽毛的釉面，因此被当地人称为"翠毛釉"。石湾窑也因仿钧特别出色，而被誉为"广钧"，因泥胎厚重，又被誉为"泥钧"。

从广东省博物馆所藏的明代中后期石湾陶器可见，这一时期的文房摆件具有两大特点：一是釉

2　《太原霍氏崇本堂族谱》，1722年木刻活字印本，佛山市博物馆藏。

3　《廖维则堂家谱》（南海），1930年印行，广东省立中山图书馆藏。

色上善仿名窑，二是器形上或是仿名窑或是仿古青铜器。这两大特点都与晚明文人崇尚古雅的趣味一致。文震亨在其《长物志》中提到，插花清供的花瓶，铜器可用尊、罍、瓠等，陶瓷器则要选用官、哥、定窑的古胆瓶、一枝瓶等，还有龙泉窑、钧窑的大瓶可以插梅花，其他诸如暗花、青花等均不能用于清供[4]。可见，明代中期以后石湾窑善仿善制，已有其市场基础，价廉物美的同时，又能符合文人雅士的审美趣味。

但是，这些店号生产的名窑仿制摆件，未被明清之交的当地文人记载于文本之中。屈大均写《广东新语》，将石湾陶器当作本地物产，列入"器语"（器物类）中："南海之石湾善陶，凡广州陶器皆出石湾。其为金鱼缸者，两两相合，出火则俯者为阳，仰者为阴。阴所盛水则浊，阳所盛水则清，试之尽然。"[5]他认为，当地最特别的陶器是如有阴阳的金鱼缸。或许在士大夫眼中，石湾陶器仅作为价廉实用的器具，而非珍贵的名窑摆件，不足以书写。在漫长的明清时期，石湾陶器在当地人眼中，不是雅器，只是一门生意。

｜二、从生意经到地方情：公共展览的兴起与石湾陶器的被重新定义｜

既然石湾陶业在士人眼中只是一门生意，他们就不会对此进行过多着墨与阐释，因而到了清代，关于石湾陶器作为鉴藏类器皿的概念与标准，仍是含混不清的。甚至，在珍赏类书籍中，"石湾窑"没有被视为单独的一个窑系，而是依附于"广窑"之下。"广窑"，可以泛指广东地区的陶瓷器，包括潮州、阳江、石湾以及广州河南（今海珠区）等地广东地区的多个窑场。流传最为广泛的陶瓷书籍对"广窑"的混用，恰恰反映了这一时期鉴藏家们对广东窑场认识的生疏[6]。直至20世纪80年代，当地鉴藏家依然把"广窑""阳江窑""石湾窑"三词混乱使用，以致有学者提出要正本清源，不可再混用"广窑"与"石湾窑"[7]。

---

4 文震亨：《长物志》卷七，"花瓶"项，《广州大典》第13册，广州：广东科技出版社，2000年，第54页。

5 屈大均：《广东新语》卷十六《器语》，北京：中华书局，1974年，第458页。

6 蓝浦：《景德镇陶录》卷七，转引自全国图书馆文献缩微复制中心编《中国古代陶瓷文献辑录》第二卷，第748~749页；许之衡：《饮流斋说瓷》上册，"说窑"部，转引自《中国古代陶瓷文献辑录》第八卷，第3739、3740页；陈浏：《匋雅》卷下，转引自《中国古代陶瓷文献辑录》第五卷，第306页等。

7 陈玲玲：《"广窑"说误》，《中国陶瓷》1985年第1期。民国时期，鉴藏家在追溯石湾陶器来源时，以石湾工匠的祖先来自阳江，而认定石湾窑来自阳江窑。因此对时代较早、风格类似石湾的陶器定名为"阳江窑"。20世纪50年代以后，随着考古发掘工作的推进，参与其间的曾广亿就明确提出，阳江窑与同时代的石湾窑器物类型完全不同，石湾窑不可能来自阳江窑。见曾广亿《粤港出土古陶瓷文集》，广州：岭南美术出版社，2012年，第23~41页。

石湾陶器，逐步独立于"广窑"之外并声名鹊起，不迟于 20 世纪初开始举办展览会时期。在清末一些国际赛会上，石湾陶器仍以广东物产的身份参加展览。英国维多利亚与艾伯特博物馆东方部主任刘明倩，曾介绍馆藏的石湾陶器最早入藏时间是在 1851 年（万国工业博览会举办之年）。她以入藏档案分析，这批早期（20 世纪以前）的馆藏藏品，来自当时的博览会以及陶瓷器商店，主要是实用器皿（包括花瓶、碟子等），还有一小部分中小型的陶塑，包括花盆行生产的日神、月神、鳌鱼等陶塑 [8]。可见，一些便于携带的中小型石湾陶器，通过博览会被中国商人（尤其是广东商人）带到国外销售，从而引起外国人的关注，并由此促使中国人更加关注自己生产的石湾陶器。1904 年，石湾陶器因参加美国圣路易斯赛会被本地报纸所报道，其称早在 1903 年"粤商已设立广业公司，专办赴会货物……瓦工则以石湾烧人物为最……赛会一事最关系于工商之进步，诸君能组织如斯，完满以赴赛会，可谓粤人之光矣" [9]。在清末展览会、赛会兴起之际，清廷缺乏处理这类对外事务的经验，长于与外国人打交道的广东商人反而抓住了这一商机。他们设立公司，挑选广东物产赴赛展出，不仅能促进中外工商贸易，还能为粤人争光。展品当中的瓦器一类，石湾烧制的人物陶塑被选参展。随后的报纸还详细地介绍了当地是如何烧制人物陶塑的：

> 石湾向多陶工，为缸瓦出处，但恨无赛工场以资鼓励，故未有进步。现闻明年美国散鲁伊斯赛会，有某富商特挑选上等陶工十余人，予以重酬，令照万图刻所绘万国人形，分别摹制人物高约盈八尺，饰以瓦青。各陶工已钩心斗角，日夜赶制，将来搓土为人，亦会场中之别开生面也。[10]

这则是关于石湾陶工对照外国人的图像，以陶泥临摹创作外国人物雕塑参展的报道 [11]。本地陶工有生产大型神像、瓦脊陶塑的经验，而人们热衷于了解赛会的准备情况、参赛展品的特色，石湾陶器因非含混的"广窑"而备受关注。1910 年，在南京举办的南洋劝业会上，参展商展出了来自广东的"泥制玩具"，或许也是这类石湾陶塑。当时，南洋劝业会还展出了由陈渭岩（约 1871—1926 年）依据照片手塑的七座塑像，这七座塑像包括清光绪皇帝载湉、庆亲王奕劻、肃亲王善耆、贝勒载洵、总督端方、大学士张之洞、大学士李鸿章，每座高约一英尺三英寸（37.6 厘米），阔七英寸（17.7

8　刘明倩：《英国维多利亚阿伯特博物馆藏石湾陶器》（公开讲座），地点：广东民间工艺博物馆，时间：2015 年 9 月 24 日下午。

9　《粤将赴美国赛会详记》，《岭东日报》1903 年 12 月 11 日。

10　《预备赛会之资料》，《岭东日报》1903 年 12 月 17 日。

11　1904 年《东方杂志》曾报道这批陶塑已赶制完备，启运赴赛，见《各省工艺汇志》，《东方杂志》1904 年第 1 卷第 3 期。

厘米）。得益于近代展览会的出现，石湾陶器以"广东物产"的身份，获得了一个向全国、向世界展现的机会。

在 20 世纪初，以实业救国思潮以及展览会兴起为时代背景，石湾文人也开始关注本地陶器的历史沿革以及未来的工业改良。梁照葵是目前已知最早撰书介绍石湾及其陶器的乡人。他曾撰《石湾乡土志》与《石湾六景记·附陶器考》（约作于 20 世纪 30 年代初），并在《石湾六景记》的序言中写道："拟编辑石湾乡土小志将所谓六景者列入风景一门，为儿童观览之，助藉发其敬爱乡土之心。"可见，颂扬本乡是其写作的主要目的。而《陶器考》则考证了石湾陶业的历史，他认为乡人大约在南宋迁居石湾，制陶业大约肇始于元明。其友人在序言中，将石湾陶器与江西陶瓷相比，称"陶器为美术中之一种，亦为实业中之一种。地方愈文明，美术与实业亦愈发达。石湾所制陶器大小精粗悉备，日用需求畅销遐迩，与江西、潮州之瓷窑相颉颃，年中出产数达百万两有奇"[12]。在乡人眼中，石湾陶业的行业地位可比肩江西和潮州。石湾陶器及石湾乡土史志开始为本乡人所称颂、记录。

1940 年，在香港大学冯平山图书馆举办的以"广东文物"为主题的广东文物展，对石湾陶器鉴藏知识的生成起到十分重要的作用。其时，广州已沦陷一年多，广东的文化人士赴香江避难。国难当头的时刻，这群文化人士发起"研究乡邦文化，发扬民族精神"的文物大展，共展出了 2000 多件广东文物。在展现"广东文化"的展览意图下，石湾陶器作为"广东文化"的一部分参与展览，与传统文人士大夫钟好的典籍、书画共聚一堂，充分体现了其在"广东文化"中所处的地位和角色。展览筹备期间，简又文代表中国文化协进会邀请广州古董商潘熙借出藏品，同时负责挑选和选定石湾陶器[13]。潘熙是 20 世纪 30—40 年代广州有名的古董商之一，承继其父亲潘和"抱残室"所收藏的石湾陶器，也从事石湾陶器的收藏与买卖，潘氏家族在广州城内经营了一家清咸丰同治年间就已开设的古董店"清秘阁"[14]。为此次展览提供主要展品的还包括黄子静、何荾楼、梁显利等广东收藏家。在此展览里，石湾陶器放在"制作类"之下的两大类别展出，分别为"名人制品"（15 件）和"著名产品"（29 件）。"名人制品"之下，展出了祖唐居、陈赤、陈祖、廖荣、潘玉书的作品[15]。而在"著名产品"中，石湾陶器前冠以"石湾窑"，与广窑、潮州窑、广彩、阳江窑并列展出。

12　梁照葵：《石湾六景记·附陶器考》（出版地及出版时间不详，约在 20 世纪 30 年代初），第 6、17 页，广东省立中山图书馆藏。

13　施丽姬：《在香港石湾陶器的年代和分类初探》，香港大学冯平山博物馆编《石湾陶展》，香港大学，1979 年，第 226~227 页。

14　根据 1931 年广州古玩行征收台费的一份公告，清秘阁属"甲等"，每月缴纳 15 元，可见其规模。见《古玩台费又要抽收》，《华字日报》1931 年 3 月 2 日。

15　1937 年第二届全国美展广东预展上，这些名手的作品也有展出，也就是说在 20 世纪 30 年代中期之后，社会上已经比较认同他们的作品是艺术品，他们是石湾陶塑的"名人"。见《第二次全国美展广东预展会专刊》，1937 年，第 52~53 页。

作为广东文物展筹备者之一的李景康，当时还出版了《石湾陶业考》，这本书考证了石湾陶瓷的起源、行会的历史、陶瓷的制法、陶泥的质地等。李景康还首次收录了一份自明代以来石湾陶工的名单（明清时期是店号）。因此，《石湾陶业考》是最早专门介绍石湾陶器历史的著作[16]。李景康（1890—1960年），南海盐步人，20世纪40年代担任香港第一所中文学校——香港北角金文泰中学校长。他与张虹于1937年合作出版《阳羡砂壶图考》，自号"百壶山馆主人"，收藏和研究紫砂壶。他很可能是梁照葵之外，最早参与整理石湾陶业历史的学者之一。据施丽姬的研究，李氏的工作依赖潘熙的专业知识良多[17]。而李氏所收录的石湾陶工名单，基本囊括了当时藏家所能搜罗到的石湾陶器店号、名匠，反映了当时的鉴藏家对石湾名匠的认识。而这一鉴藏知识的建立，也直接影响了明清以来石湾陶器的鉴赏和评论知识的塑造。

｜三、不止地方情：石湾陶器鉴藏风的兴起｜

李景康考证石湾陶业的发展史，不仅是出于其乡土情怀，还与民国以来石湾陶器鉴藏风的兴起有关。李氏所依赖的专业知识提供者，是古董商人潘熙。曾在20世纪60—70年代的香港大学校外课程部陶艺科开设课程的何秉聪，也对民国时期的石湾陶业十分熟悉。他写道：

> 从前石湾陶艺制品不入帝王家，难邀富豪顾。自清末两广总督张之洞请石湾黄炳制九大篮模型神似，黄炳因而成名而石湾陶艺亦渐为看重。那时候，石湾陶艺名手迭代更出，陈渭岩、黄古珍、陈祖、潘玉书、潘铁达、梁百川、梁醉石（梁福）、刘佐朝等，先后各以所擅为各人所爱。人们更追搜黄炳以前的名家，于是上溯明代，下迄清初，祖唐居、可松、来禽轩、文如璧等制品，得者珍同拱璧，直与明代时已闻名全国的宜兴陶器、德化仙佛分庭抗礼，各擅胜场。[18]

他认为，清末民初石湾名匠的产生，与张之洞为首的地方官员钟爱石湾陶器有关。张之洞与黄炳的故事在当地流布甚广，真假难定。黄炳约生于1815年，卒于1894年，而张之洞1884至1889年督粤，时间吻合。旅居香港，任教于香江书院的张槎（石湾邻乡）人庞维新在1920年也有提到，

16　李景康：《石湾陶业考》，广东文物展览会编《广东文物》下册，卷十，中国文化协进会，1941年，第1019~1027页。

17　施丽姬：《在香港石湾陶器的年代和分类初探》，香港大学冯平山博物馆编《石湾陶展》，香港大学，1979年，第226~227页。

18　陶人：《石湾人物陶塑欣赏》，香港大学冯平山博物馆编《石湾陶展》，第281页。

"黄炳者，精塑鸟兽人物，夙承名工大雅赏识。昔张文襄莅粤，尝以千金赉之"[19]。根据现存的黄炳作品，他擅长制作鸟兽和人物，尤精于塑造鸭、猫和猴子（见本书第109~112页图版）。在陶泥素胎上以中国工笔画的技法刻划动物胎毛和点睛，就是由他所创造。这一陶塑技法，很可能来源于他的中国画绘画经验，他同时也是一位画家。不过有意思的是，他的中国画作品更偏向写意风格，而非繁复缜密的工笔风格（图1）。不管是否有张之洞赏识黄炳之故事，黄炳的确受

图1 黄炳《花鸟四屏》（纸本设色，纵129.5、横35.6厘米，广州艺术博物院藏）

这个故事影响而声名日振，石湾陶器及其名匠也随之广受关注。

倘若黄炳是近代以来广受文人士大夫关注的第一代石湾名匠，那么陈渭岩、潘玉书、刘佐朝等名匠则是紧随其后的第二、第三代。20世纪初，石湾陶塑名匠开始为人赏识，邻近的港澳地区已开始有鉴藏家收藏石湾陶器。澳门葡籍律师文第士（Manuel da Silva Mendes，1876—1931年）是现在所知最早开始收藏石湾陶瓷的外国人。文第士在澳门生活了30年，多次旅行粤地，他喜好收藏广东书画、陶瓷，对画家苏六朋和石湾陶塑情有独钟。他于20世纪20年代初亲赴石湾作实地考察，是"国际上最早对石湾陶瓷进行研究的著名鉴藏家。他对明清及当时的石湾陶塑作有系统的购藏，组成了世界上最早的石湾陶塑藏品系统"[20]。1920年，文第士更邀请陈渭岩、潘玉书到澳门塑造八个高达80厘米的人像[21]，这批藏品现为澳门艺术博物馆的重要收藏。与潘玉书同时期的刘佐朝也颇负盛名，乡人庞维新曾在1920年撰文称赞刘佐朝的手艺[22]。据何秉聪忆述，他听说刘佐朝每到年末，

19 《南海海口庞氏族谱》文存类，卷十六，大昌书局，1933年，第37页，广东省立中山图书馆藏。

20 陈继春：《施利华·文第士的中国艺术因缘及其他》（未刊稿），2009年9月11日。

21 施丽姬：《略谈石湾美术陶》，香港大学冯平山博物馆编《石湾陶展》，香港大学，1979年，第317~330页。

22 《南海海口庞氏族谱》文存类，卷十六，第37页。

会将所做陶塑带到香港卖，例必下榻陆海通旅店，古董店闻风早已相候，先拣其佳作，余下便摆卖于六国饭店附近，过了新年才回石湾[23]。

至 20 世纪 30 年代，石湾陶塑已成为"美术品"，其塑造者也成为"名匠"，他们或策划或参与本地的美术展览。1936 年，潘玉书在位于石湾上约的潘氏宗祠祠堂里举办个人展览。据报道，"观众可免费入场，场内的展品均为非卖品，分有鸟兽、石山、人物三部分展出，此外还悬有名人潘冷残、陈恭受等人的题词十几幅"[24]。换言之，这时的陶塑工匠已认识到个人创作的艺术价值，也有开办个人作品展览的意识，并主动利用其艺术支持者的社会声望提升自身名气，这说明此时期的匠人开始有意标榜自我艺术价值。最晚在 1937 年初的第二次全国美展广东预展会上，石湾陶塑已成为"美术品"参与展览。展览中"美术工艺"一类下有 70 件（套）石湾陶器，其中的塑制者均为其时石湾的著名陶艺家，包括林棠煜、刘佐朝、潘玉书、霍津、陈赤、刘传、醉石轩（梁福）、吴清、罗流、潘雨生、何伦等，另外还有和生号、四兴号与冠华号三家店号。他们的作品售价大多在 7 至 10 元，定价最高的是刘佐朝的作品（50 元），参展的潘玉书作品"不售"[25]。这一定价，当然不能与同场画家的画作定价（画价均在 100 元以上）相比，陶塑的市场价值比绘画略低。但同场展览证明了民国时期广东美术界对陶塑是"美术品"的认可。评论家陆丹林在展览会刊中发表的《广东美术概况》一文写道："广东南海的石湾，有土制的陶器，这种手工美术品，制作精巧，却是驰名华南，可惜出口不多，外省人多未知道。而制陶名手如黄炳、潘玉书等先后逝世，今后出口，恐有今不如昔之叹了。"[26]陆将石湾的"土制陶器"定义为"手工美术品"，列入"广东美术概况"的讨论之列，"石湾陶器一项，更令观众大感兴趣"[27]。1938 年香港的《华字日报》以"石湾两陶匠"报道了黄炳、潘玉书两位著名陶塑艺人[28]。

时人"美术品"观念的形成与陶塑艺人"艺术家"意识的觉醒，推动了清末民初石湾陶器塑造技法与风格的变化，陶塑具有"美术"的审美趣味，更能吸引鉴藏家的关注。黄炳将中国工笔画的丝毛、点睛办法应用到动物陶塑之上，使石湾的动物陶塑更显生动逼真，为石湾动物陶塑的发展开辟了一条新的路径。而陈渭岩、潘玉书，尤其是后者，则是引领石湾人物陶塑转折性发展的关键人物。

23　何秉聪：《陶艺师傅略》，香港艺术馆编《历史、神话与传说：胡锦超先生捐赠石湾陶塑》，香港市政局，1986 年，第 550 页。

24　《石湾玉书作品展览会纪》，《国华报》1936 年 2 月 7 日。

25　《广东美术：第二次全国美展广东预展会专刊》（1937 年），上海时代图书出版公司，1937 年，第 51~53 页。

26　陆丹林：《广东美术概况》，1937 年 5 月 15 日写于上海，《广东美术：第二次全国美展广东预展会专刊》（1937 年），序言。

27　《广东美展第一日》，《大公报》（上海版）1937 年 5 月 23 日。

28　《石湾两陶匠》，《华字日报》1938 年 3 月 3 日。

花盆行业出身的陈渭岩，善制人物陶塑，受瓦脊陶塑技艺与风格的影响，其人物动态的刻画和衣服纹饰的表现均较为简练含蓄。他所形塑的陶人，常常是正襟而坐，姿态端庄而面容庄重。潘玉书重在人物情节（动作）的选取以及人物性格、动态的表现，尤其在以衣纹的流动表现人物姿态神韵方面，有更多的经营，使陶塑人物更灵动传神、生动细腻，更适合案头把玩，近距离细赏。潘玉书的陶塑风格，直接影响了近现代石湾人物陶塑"朴拙传神"风格的形成和发展，经由他带动，"传神"不仅成为时人赞颂石湾陶塑的主要标准，也成为石湾陶塑风格的重要特征。因此，时人是这样评价石湾陶塑及其名匠的：

> ……行脚僧，是石湾陶土烧的人物，潘玉书手捏，高约五寸，穿着灰色的和尚服，秃其首，唇间突出两双长长的门牙，上身微俯，左手托砵前伸，右手出五指斜护砵旁，这个姿势已经够动人了，而还有更动人的，就是那两个神气活现的眼睛，这两个眼睛很像在对着每一个向它注视的人诉说它栗鹿风尘的劳苦，我相信，就是一个完全不懂什么是艺术的人见了它，也要为之停着脚儿，不忍遽去的。就只这一点，已够表现出它的艺术价值了。看了这，谁敢说我们中国没有高超的艺人？就是法国十九世纪被人称为"只有他的眼，才能看透自然的核心；只有他的手，才能拔出自然的微末"的大艺人罗丹，也不比我们这位作者高超得几许吧？[29]

可见，时人评价潘玉书的行脚僧陶塑，完全从艺术欣赏的角度出发，将潘氏的手艺称为"艺术"，还将他与法国大雕塑家罗丹相提并论。也将潘氏比附法国雕塑家罗丹的，还有同时代的艺术赞助人、葡籍澳门律师文第士。概言之，时人以"动人、传神"评价潘氏手艺，进而直接影响当时的鉴藏家对同时代其他名匠作品的评判标准。

根据粤港澳三地博物馆的藏品可知，在明代至清代晚期，诸如观音、达摩、李白醉酒等仙佛道神、民间信仰人物、民间传说一类的人物陶塑已流行。随着摆件人物陶塑的兴起，在清末民初以后，陶塑题材开始多样化，不局限于过去的宗教、神话故事和民间传说。清末开始有表现现实人物的陶塑，诸如光绪皇帝、端方、林则徐乃至陈渭岩本人的陶像。而在民国，诸如瘦骨仙、拍蚊公、行脚僧等反映市井生活的题材，更是这个时期一个很有意思的新主题。如广东省博物馆藏瘦骨仙戏猴像（见本书第 146 页图版），一个瘦骨嶙峋的男子赤脚坐在石上，一猴坐在他的肩上，正为其挖耳，似是被猴子触到痒处，瘦骨仙奇痒难忍，龇牙咧嘴，表情十分传神。身右边另一猴在啃桃子，两猴互相呼应。瘦骨仙全身以胎泥表现，骨骼清晰可见，突出其"瘦"，将石湾陶泥的可塑性发挥得淋漓尽致。

29　沧阁：《广东文物展览会印象记》，《民国日报》1940 年 3 月 29 日，广东文物展览会编《广东文物》卷一，"报章"类，中国文化协进会，1941 年，第 236~244 页。

除了市井人物外，仕女题材也是这个时期兴起的新题材，潘玉书的仕女陶塑是其中最为杰出的作品。题材的变化，反映了陶塑名手的创作对新兴石湾陶器鉴藏市场的适应。

当时的鉴藏家正是在名匠吸引下，发掘、认识、收藏前代的石湾陶器，诸如祖唐居、可松、来禽轩、文如璧等店号的制品。因此，在名匠制品之外，前代各式陶瓷器皿也进入鉴藏家的视野。但不能因此而忽略了清末民国时期日本鉴藏家对石湾陶器鉴藏家的影响。1908 年，日本农商务省专门派员到中国调查陶瓷业情况，当时分别选了景德镇、德化和石湾三个地点，并撰写了《清国窑业调查报告》[30]。这份报告详尽介绍了石湾陶瓷的生产情况，这一调查报告为目前所见最早。由此可一窥日本对石湾陶的偏爱。只是，此时的石湾陶业，声名在国内仅局限于广东，同时期介绍陶瓷器的中文书籍仍将石湾窑归类在"广窑"之下。陈浏的《匋雅》提到"广窑谓之泥均。其蓝色甚似灰也。日本以为其古先国人。来至吾华。手所创制。特宝贵之。实无根之谈。近则方寸小品。几于媲价苹青"[31]。此处的"广窑"，是石湾陶器无疑，日本人以为石湾的制陶技术来自其先祖，所以对之特别钟爱，石湾陶器的价格也因此而上涨不少。比如 1930 至 1932 年担任广东领事的须磨弥吉郎（1892—1970 年），他在居穗期间通过潘氏家族的清秘阁购藏清代苏仁山的书画作品，也在文德路、西来初地等广州城中古董店聚集地购买各式石湾陶器，诸如石湾杯碟、石湾红色瓶、石湾绿色瓶等器皿类的陶器（图 2）[32]。

石湾陶器被认为是"广东文物"以及"广东美术"的组成部分，直接影响了战后乃至 20 世纪 50—60 年代公共展览的策划和博物馆的藏品征集与展示。战时广东文物展的策展思路在战后延续。由简又文主持的广东省文献馆于 1946 年在广州成立，该馆建立了广东文物收藏，其中举办了石湾陶器展览，潘熙参与了展览的筹备[33]。同年，英国伦敦某博物院院长"以本省石湾陶窑宋代以来，已有悠久历史"，委托英国驻广州领事收集相关著作[34]。早在 20 世纪 40 年代末，在展现地方文化的博物馆里也能找到石湾陶器。1949 年，在广州五层楼（即广州市博物馆）展出的"石湾公仔"，除了各种釉色的器皿外，还有太白醉酒陶塑和黄炳陶瓷猫、鸭等[35]。各种釉色器皿与名匠制品，共同构成了

30　日本农商务省商工局：《清国窑业调查报告》，1908 年。

31　陈浏：《匋雅》卷下，二十，上海古陶瓷研究会印行，1923 年，载宫楚涵、俞冰编《古代陶瓷文献》第一册，北京：学苑出版社，2020 年，第 309 页。

32　须磨弥吉郎：《广东收藏记》，手稿，现藏于京都国立博物馆。

33　中国文艺推进社：《广东文献特辑》（出版日期不详），转引自施丽姬：《在香港石湾陶器的年代和分类初探》，香港大学冯平山博物馆编《石湾陶展》，香港大学，1979 年，第 227 页。

34　《英博物院长研究石湾陶器》，《七十二行商报》1946 年 9 月 27 日，第 5 版。

35　《五层楼"睇公仔"记》，《越华报》1949 年 1 月 9 日。

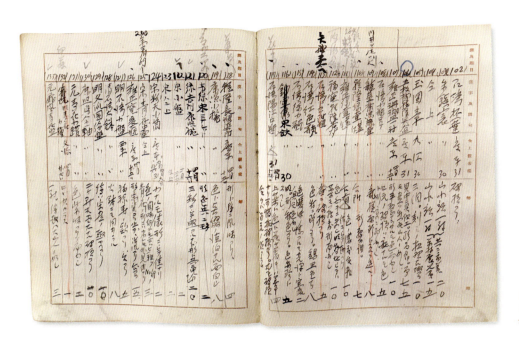

图 2　须磨弥吉郎《广东收藏记》（手稿，京都国立博物馆藏）

博物馆收藏以及展览会上"石湾窑"的代表。

受民国时期鉴藏风及鉴藏知识的影响，1949 年以后相继成立的本地博物馆，其石湾陶瓷的征集与收藏，也大体延续釉色见长的实用器皿与陶塑两大部分。古文字学家商承祚（1902—1991 年）捐赠广东民间工艺博物馆、广东省博物馆的文物中，既包括清"祖唐居"款绿釉茶叶罐、清"粤彩正记"款绿釉挂瓶等实用器皿，也包括诸如陈渭岩粉彩宝玉像、潘玉书青白釉贵妃等名家佳作 [36]。文献学家冼玉清也捐赠广东民间工艺博物馆一批石湾陶器。并且，在冼玉清、商承祚与容庚几位中文系教授主导下的中山大学文物馆，也购藏了一批石湾陶器，当中就包括各种釉色器皿以及民国时期所制的陶塑。中文系张维持教授也是在他们的影响和帮助下，发表了专著《广东石湾陶器》，这部专著成为继李景康的《石湾陶业考》后另一部重要的石湾陶器研究著作。香港收藏家杨铨（1898—1967 年）也收藏了一批石湾的釉色器皿及名匠作品，包括明代葱白釉茶叶罐、晚明"杨昇"款粉蓝釉兽耳方瓶、晚明"祖唐居"款黄釉兽耳三足炉、"潘玉书制"款下庄打两虎及钟馗像等。杨铨在 20 世纪 50 年代末至 60 年代初将所藏的陶瓷器等工艺品捐赠给广东民间工艺博物馆，其中的 300 余件石湾陶器也成为该馆的重要石湾陶器藏品 [37]。

36　广东省博物馆、广东民间工艺博物馆、深圳市博物馆编《商承祚先生捐赠文物精品选》，广州：岭南美术出版社，1998 年。

37　广东民间工艺博物馆《杨铨先生捐赠文物撷珍》，1998 年印行。

| 结论 |

　　明清以来，广东石湾陶器生产以民间日用器具为主。19 世纪初，装饰祠堂、庙宇屋脊的瓦脊陶塑开始流行，并在 19 世纪中后期达至顶峰。20 世纪初，在瓦脊陶塑基础上发展出来的摆件陶塑，开始在博览会上崭露头角，并获得艺术赞助人、鉴藏家的赏识与收藏，它的制作者也开始为人所知，其中一些更成为名匠，前代的实用性陶器，特别是釉色见长的器皿也开始被搜罗。在鉴藏之风兴起的影响下，石湾陶器从民间日用、不为文人雅士所记录，到成为公共展览以及博物馆的珍品，关于它的研究、记录日渐增多，鉴藏知识也因此而形成，从附属于"广窑"而独立成为"石湾窑"一个窑系，石湾陶器的声名日盛。近代以来，"石湾窑"这一概念的形成，正是中国近代社会新的知识体系生成的一个生动例证，是近代以来新媒体、新审美趣味以及新的艺术赞助机制所共同推动的结果。

　　随着大航海时代的来临，中国的陶瓷器迅速成为最早的全球化商品之一。清代康熙开海以后，广州成为重要的海外贸易港口。为了降低成本、便于外销，清康熙末年至雍正时期，广州的瓷商从瓷都景德镇购买烧好了白釉的瓷坯，在广州根据西方客商的需求加以彩绘，再二次焙烧，然后直接装船出口，这类瓷器被称为"广彩瓷器"，或称广彩、广州彩瓷、广州织金彩瓷等。17世纪下半叶至18世纪，欧洲"中国风"兴起，广彩的外销市场主要是欧洲，并且甫一出现即迅速迎来第一个发展高峰。19世纪初，因欧洲各国的制瓷产业兴起，大量来华订购和定制瓷器的现象日渐式微，其时又适逢中美航线开通，广彩瓷器的外销市场从此转向以美洲尤其是美国为主。由于广彩瓷器主要是为了外销而生产的彩瓷品种，因此注定了广彩瓷器具有显著的中西合璧的特征。其中最突出的表现是，在保留部分中国传统瓷器纹样的同时，广彩纹饰的描绘及用彩方面明显受到西方审美取向及西洋绘画技法的影响。

一、时代背景

1. 清康熙开海、海关的建立及广州一口通商

　　明崇祯十七年（1644年），明王朝灭亡，经历了近千年的市舶制度也随之消亡。到了清代，迎来了海关管理海外贸易的时代。

　　清初为了防范沿海反清势力，曾实行严厉的海禁政策。清康熙二十三年（1684年）正式停止海禁。次年下令于广东广州、江苏松江（今上海）、浙江宁波、福建厦门设置粤、江、浙、闽四个海关，负责管理对外贸易和征收关税等事务，这四处为对外贸易港口，此为中国历史上正式建立海关的开始。至此，中国海禁结束，海外贸易进入海关管理时期。

　　清政府在乾隆二十二年（1757年）十一月宣布仅限广州一口对西方海路通商，同时对外商的管理和限制以及行商的职责等都通过政令有了具体的规定。从1757至1842年的85年间，清代的海外贸易经历了广州一口通商的时期。

　　1842年（道光二十二年），中英签订《南京条约》，规定清朝政府开放广州、厦门、福州、宁波、上海等五口通商，结束了广州一口通商的时代，十三行由此日渐式微。

　　在清海关建立前后到广州一口通商，正是欧洲"中国风"盛行的历史时期，中国瓷器极受欧洲社会的追捧，广彩瓷器在此历史背景下应时出现并迅速发展。因专为外销西方而生产，广彩瓷器呈现出独特的中西合璧特征。

2. 西方商馆的建立及行商群体的兴起

清代康熙、雍正、乾隆时期，随着对外贸易政策的调整，到广州贸易的西方商人不断增多，中西海外贸易进入极为繁盛的阶段。许多国家先后在广州设立商馆，兼行外交和贸易管理的功能。这些外国商馆都由行商出租地方供其办公和居住，每个商馆门前都树立本国国旗以示明国籍。

其中设立商馆的国家主要有法国、英国、荷兰、丹麦、瑞典（表1），此外，德意志的普鲁士、汉堡、不来梅，意大利的来航、热那亚、托斯卡纳，以及神圣罗马帝国的匈牙利、奥斯坦德（今比利时的主要港口城市之一）都先后进入广州进行贸易。西班牙主要在厦门和澳门贸易，葡萄牙则限于澳门。

表1　清代西方各国东印度公司在广州设置商馆一览表 [1]

国　　家	设置时间	备　　注
法　国	康熙三十七年（1698 年）	后来曾一度舍弃，于雍正六年（1728 年）恢复
英　国	康熙五十四年（1715 年）	至乾隆三十五年（1770 年）才派有常驻的管理人员
荷　兰	雍正七年（1729 年）	
丹　麦	雍正九年（1731 年）	
瑞　典	雍正十年（1732 年）	

鸦片战争以前，外国人到中国做生意，必须通过政府特许从事外贸的行商进行交易。行商在对外贸易时，必须个人提出申请，由官府审核批准。康熙二十五年（1686 年），广东巡抚李士桢协同两广总督吴兴祚和粤海关监督宜尔格图，把广州从事国内贸易的"金丝行"和从事外贸的"洋货行"区别开来，分别收税。"洋货行"即广州洋货十三行，简称洋行或十三行、十三夷馆。十三并非固定数目，多时达几十家，最少时仅四家。雍正五年（1727 年）广东布政使官达上奏云："查广东旧

1　资料来源于章文钦《广东十三行与早期中西关系》，广州：广东经济出版社，2009 年，第 339~340 页。

有洋货行，名曰十三行，其实有四五十家。"[2] 根据乾隆二十五年（1760 年）生效的《防范夷人章程》规定，行商代表清政府管理海路邦交和对外贸易，对官府负有承保和交纳外洋税饷、规礼、传达政令及管理外洋商务人员等义务，也享有对外贸易特权，具有半官方的性质。至此，广州十三行的行商成为一个特殊的商人群体，在清代对外贸易的历史中占有重要的地位。

清海关的设置及西方各国商馆的设立、行商群体的兴起，可视为广州十三行的滥觞。由此更进一步刺激了包括陶瓷贸易在内的中西贸易的发展，同时也使广州成为为瓷器加彩直接出口的最佳地点——催生了广彩瓷器的诞生和发展。广州十三行最为兴盛的时期，也是广彩以其"式多奇巧""岁无定样"的艺术特质迎来第一个发展高峰的时期。

3. 欧洲"中国风"之盛与中国陶瓷外销

"'中国风'（chinoiserie）指的是西方人幻想中的中国和亚洲其他地区的民族、风俗、建筑、景观及动物植被。"[3] 随着中西贸易的兴起，至 17 世纪，中国的陶瓷器、丝绸、家具、漆器、扇子、屏风、刺绣、壁纸、象牙雕刻、银器等工艺品和艺术品大量输入欧洲，为欧洲的王室、贵族及富有阶层人士所钟爱，由此在欧洲掀起了一场波及家居装饰、园林设计、日常生活等诸多领域的中国热。这股中国热潮不仅体现在对中国工艺品和艺术品的追逐，还体现在当时的欧洲设计和装饰艺术领域，以中国人物或中国动植物、风景为题材，在色彩配置、构图形式上也部分地借鉴了东方艺术的特色。由此，还引发了欧洲社会对中国知识的追求和生活方式的模仿。这就是所谓的"中国风"，也有人称之为"中国趣味"或"中国热"。实际上"中国风"所蕴含的并不仅仅是中国元素，有时也融入了一些日本、泰国、印度等东方国家的艺术元素，只是由于当时西方人对遥远的东方国家并不能仔细地区分，因而笼统地称之为"中国风"（chinoiserie）[4]。

"中国风"兴起于 17 世纪中叶，在 18 世纪达到顶峰，自 19 世纪逐渐式微，有近两个世纪的时间风靡欧洲。有的学者认为它发源于法国，但是亦有人认为它兴起于荷兰，却在法国得到最充分的表现。此外，德国、英国、意大利、俄罗斯、波兰以及北欧等国家，也不同程度地流行过"中国风"。"中国风"体现出与欧洲当时流行的洛可可艺术水乳交融的特征，18 世纪晚期，新古典主义兴起，"中国风"逐步退出流行，并于 19 世纪早期结束。

在"中国风"盛行的近两百年时间里，陶瓷器一直是中西贸易的主要商品之一。据记载，康熙

2　《雍正朱批谕旨》第十三册，第 50 页，转引自彭泽益《广州洋货十三行》，广州：广东人民出版社，2020 年，第 3 页。

3　中国国家博物馆编《瓷之韵——大英博物馆、英国国立维多利亚与艾伯特博物馆藏瓷器精品》，北京：中华书局，2012 年，第 29 页。

4　据 1989 年版《牛津英语词典》，"chinoiserie"一词最早出现在英语里是在 1883 年，该词来自法语的"chinois"（中国的），之前也在英语里使用。

三十九年（1700 年），法国商船"安菲托里脱"号（AMPHITRITE）抵达广州港，返航时购买了以景德镇瓷器为主的中国瓷器 160 箱，有数万件，回到法国后被迅速抢购一空。康熙四十二年（1703 年）"安菲托里脱"号再度抵达广州，购买瓷器 140 多箱。康熙五十四年（1715 年）奥地利的三艘商船抵达广州，运回大量中国瓷器，获利甚丰[5]。"哥德堡号"（瑞典语：Ostindiefararen Götheborg）是大航海时代瑞典著名远洋商船，曾三次远航中国广州。1745 年（清乾隆十年）1 月 11 日，"哥德堡号"从广州启程回国，船上装载着大约 700 吨的中国物品，包括茶叶、瓷器、丝绸和藤器等，其中瓷器约 60 万件，可惜该船在回到瑞典哥德堡港口外海时沉没。乾隆四十年（1775 年），美国"中国皇后"号首开中美贸易航线，在广州购买了瓷器 962 担（48.1 吨）[6]。此期间的中国外销陶瓷对欧洲的社会生活带来了显著的影响，当时的富裕阶层用中国陶瓷器装饰宫殿或居家，用于宴会及日常餐饮，甚至是专设陈列室展示其私人收藏等，以收藏及使用中国陶瓷作为炫耀身份、地位及财富的手段，由此导致了包括广彩在内的中国陶瓷器外销的兴盛。

4. 西方彩料的输入

西方彩料的输入，与欧洲珐琅器传入中国有着密切关系。

在广彩出现以前，中国传统的釉上彩瓷有五彩、粉彩、斗彩等。

五彩和斗彩瓷器出现在明代早期的宣德时期，斗彩在明中期、五彩在晚明时发展至高峰。两者色彩均比较少，有黄、绿、矾红等，蓝色由釉下青花所代替，这些都是中国瓷器上的传统彩料，呈色剂分别为氧化铁（黄、矾红）、氧化钴（青花蓝色）和氧化铜（绿）。

粉彩瓷器出现于清康熙末年，色彩比传统的五彩和斗彩更为丰富。

17 世纪末由来华的西方传教士带来的金属胎珐琅器，深得康熙皇帝的喜爱。当时广州作为通商口岸，也不断进口珐琅制品和珐琅彩料，广东地区颇有一批工匠也掌握了制作画珐琅的技术，因此广东地方官员频频向康熙皇帝举荐能做画珐琅的工匠。康熙皇帝命传教士及来自广州的工匠，使用进口的彩料，在宫里尝试制作珐琅器。

康熙五十五年（1716 年）以后，随着广州和欧洲的画珐琅器制作匠师进入内廷，康熙皇帝参与指导造办处珐琅器的制作，甚至亲自操作，画珐琅器的生产逐渐呈现繁荣景象。

康熙五十五年，经广州巡抚杨琳推荐，广东画珐琅匠师潘淳、杨士章，并有西洋人三名、法蓝（珐琅）匠两名、徒弟两名，进入内廷。"广东巡抚奴才杨琳为奏闻事。西洋人严嘉乐、戴进贤、倪

5 朱培初：《明清陶瓷和世界文化的交流》，北京：轻工业出版社，1984 年，第 60、99 页。

6 黄启臣主编《广东海上丝绸之路史》，广州：广东经济出版社，2003 年，第 520 页。

天爵三名俱会天文，广东人潘淳能烧法蓝物件，奴才业经具折奏明。今又查有能烧法蓝杨士章一名，验其技艺，较之潘淳次等，亦可相帮潘淳制造。奴才并捐给安家盘费。于九月二十六日，西洋人三名、法蓝匠二名、徒弟二名，具随鸟林大、李秉忠启程赴京。讫。再奴才觅有法蓝表、金刚石戒指、法蓝铜画片、仪器、洋法蓝料，并潘淳所制桃红色的金子搀红铜料等件，交李秉忠代进。尚有已打成底子，未画、未烧金钮坯，亦交李秉忠收带，预备到日便于试验。合先具折同李秉中（忠）奏折进呈。谨奏。康熙五十五年玖月二十八日奴才杨琳。"在折尾，康熙皇帝朱批："知道了。"[7]

康熙五十八年（1719 年），法国画珐琅艺术家陈忠信（也是传教士）被召至内廷指导画珐琅器的生产。此事见于康熙五十八年"广东巡抚杨琳奏报续到洋舡折"："本年五月十二日到有法兰西洋舡一只，内有法兰西行医外科一名安泰，又会烧画珐琅技艺一名陈忠信。奴才业会同巡抚公折奏闻，于六月十八日遣人伴送赴京在案。今于六月十一日到英咭唎洋舡一只，装载胡椒、黑铅、鱼翅等货。六月十五日又到英咭唎洋舡一只，装载黑铅、哆啰呢等货。二舡内并无搭有西洋学问技艺之人，所有续到洋舡二只，理合具折奏报。谨奏。康熙伍拾捌年陆月贰拾肆日，奴才杨琳。"在折尾，康熙皇帝朱批："知道了。"[8]

在尝试烧制金属胎珐琅器的同时，康熙皇帝亦尝试并成功烧制瓷胎画珐琅（即珐琅彩瓷）。在宫里造办处珐琅作烧制珐琅彩瓷成功后，在景德镇御窑厂亦成功烧制洋彩瓷器，民国时期的文献开始把这类洋彩瓷器称为"粉彩"。

这些从西洋进口的珐琅彩料颜色较为艳丽、丰富，含有大量的硼，这是中国传统瓷绘彩料所没有的。包括金红（胭脂红，广彩称为西红）、柠檬黄、茄紫（西红和水青调配而成）、白、月白、深及浅亮绿、亮青、浅蓝、黑色等，呈色剂分别为黄金（胭脂红）、锑（柠檬黄）等。至雍正四年（1726 年）仍有珐琅彩料进口的记载："西洋国……雍正四年五月复遣使进贡……各色珐琅彩料十四块。"[9]

雍正六年（1728 年）以后，这些彩料逐步国产研制成功，颜色增加到了十多种："雍正六年二月廿二日……奉怡亲王谕，着试烧炼珐琅料……七月十二日据圆明园来帖内称，本月初十日怡亲王交西洋珐琅料……旧有西洋珐琅料月白色……以上共九样，新炼珐琅料月白色、白色、黄色、浅绿色、亮青色、蓝色、松绿色、亮绿色、黑色，共九样。新增珐琅料软白色、秋香色、淡松黄绿色、藕荷色、

7 中国第一历史档案馆编《康熙朝汉文朱批奏折汇编》第七册，北京：档案出版社，1985 年，第 451 页。

8 中国第一历史档案馆编《康熙朝汉文朱批奏折汇编》第八册，北京：档案出版社，1985 年，第 547 页。

9 清雍正《广东通志》卷五十八，转引自中国硅酸盐学会编《中国陶瓷史》，北京：文物出版社，1997 年，第 425 页。

浅绿色、深葡萄色、青铜色、松黄色，以上共九样。"[10] 在使用部分国产彩料的同时，仍有部分彩料陆续从西洋进口。

广彩使用的彩料，也主要包括这些西洋进口的和后来国产化的彩料，以及传统的彩料，色彩鲜艳、丰富。

5. 西洋绘画的输入

明末清初西方传教士带来的西方铜版画和油画，以宗教题材为主，是西洋美术作品传入中国的开端。早期的这种传入更多地局限于对宫廷绘画的影响，清雍正至乾隆时期，西洋绘画开始在民间产生影响，主要范围是在广州、澳门等重要的外贸港口，苏州等商业中心以及印刷、出版等行业[11]。"从 18 世纪中叶开始，广州已有相当数量的职业画师在绘制西画了。他们以西画的材料，以或成熟或稚嫩的西画技法，描绘中国这个东方文明古国淳厚的风土人情，描绘广州、澳门等地中西交融的商港内奇异的风光景物，以及来来往往的中外人士。这些画畅销一时，不但成为外国旅游者踊跃购买的纪念品，也成为中国向西方输出的大宗商品。这就是应运而生的外销画。"[12] 当时不少西方画家还在广州、澳门等地招收中国学徒教授西洋绘画，西方绘画的相关知识在广州及其周边地区传播已较为广泛，虽然目前还没有资料能够证明当时的广彩艺人去参加过这种学习，但从同时期的外销画和广珐琅的绘画及用彩方面，我们都可以看到二者与广彩有着诸多相同或相似之处（图 1[13]、2）。

图 1　清雍正—乾隆铜胎画珐琅内课子图外胭脂红釉盘

10　清宫造办处档案造字 3318 号，转引自中国硅酸盐学会编《中国陶瓷史》，北京：文物出版社，1997 年，第 425~426 页。

11　张国刚、吴莉苇：《中西文化关系史》，北京：高等教育出版社，2006 年，第 538~542 页。

12　王镛主编《中外美术交流史》，长沙：湖南教育出版社，1998 年，第 213 页。

13　本文图片中文物除特别注明外，均为广东省博物馆藏。

图 2 　19 世纪通草画闹元宵图册

｜二、广彩瓷器纹饰中的中国元素｜

广彩瓷器虽然是专门为了外销而诞生，以中西合璧为主要特征，器形以西方定制为多见，但就纹饰而言，相对来说还是以传统的中式纹样居多，并贯穿其整个三百多年的发展历程，主要纹饰题材有人物、花卉与花鸟、风景山水、动物等。

1. 人物纹

人物纹是广彩瓷器最常见的纹饰之一，而广彩纹饰中的中国人物又分清装人物和明（古）装人物。无论在清代还是现在，无论是西方人还是华人，人们都习惯将广彩瓷器中描绘的清装人物图案称为"满大人"。

实际上"满大人"是来自英文单词 mandarin 的译音，是欧洲最早进入中国的葡萄牙人对中国官员的称谓，16 世纪的明代晚期，在当时来华的一些欧洲人的信函和日记等文献中已出现这一词汇。1512 年（明正德七年），葡萄牙占领马六甲。1516 年，葡萄牙国王曼努埃尔向中国明朝正德皇帝派遣使团，托梅·皮莱资（Tomé Pires，也译为皮雷斯，澳门译为道咩卑利士，1465？－1524 年或 1540 年，葡萄牙药剂师、作家、水手和财政大臣，是中国明朝以来，葡萄牙乃至整个西方世界首位进入中国的使者）与使团成员随舰队于 1517 年到达广州，向中国明朝政府提出建立关系。1518 年，他们获准在广州登陆，不久抵达南京，经贿赂宠臣江彬后获得正在南巡的正德皇帝的接见，并随之来到北京。1521 年中葡爆发屯门海战，明嘉靖皇帝下令将皮莱资押解到广州听候处置。嘉靖三年（1524 年）五月，皮莱资因病死于广州监狱，也有些记载说他在 1540 年死于江苏。皮莱资使团被囚禁后，在被囚葡国人写下的葡萄牙文信札中，就已广泛使用 mandarim 一词。这些信札是葡萄牙关于中国最早的报道之一，可能成书于 1524 年 [14]。在卡斯塔涅达（Castanheda）的书 *História do descobrimento e conquista da ndia pelos portugueses* 中 [15]，16 世纪末经澳门进入中国内地的利玛窦也在葡萄牙人中推广使用了该词。此后的明清时期，所有西方人都沿用了这个称谓，这与我国的少数民族满族并不存在任何关系。这个英文单词的来源有两种说法，一种说法是来自葡萄牙文的动词"mandar"，意思是指挥、管理或统治；另一种说法是来自马来语"menteri"，意为朝臣、部长。在马六甲苏丹国期间，留居在马六甲的葡萄牙人试图会见中国政府高官，并用马来语 menteri 一词来代指中国的"大官"。但是由于葡萄牙人不谙马来语，在"menteri"的后音加了一个"n"，发成了"mandarin"。

广彩瓷器中的"满大人"纹饰，主要流行于清雍正至嘉庆时期，以清乾隆时期最盛，清道光以后式微。其画面通常描绘的是着清装的男子与着明装的女子在一起的庭院生活场景，以休闲、愉悦、欢快为主题（见本书第 181 页图版）。"满大人"纹饰在广彩中较为常见，在景德镇瓷器中则较少见。它的流行是由于在 17—18 世纪，即欧洲中国热最为流行的时期，代表中国元素的最主要的载体正是中国瓷器，因此绘有"满大人"图案的中国瓷器更受欢迎；式微是因为 18 世纪中期以后，欧洲人对中国的了解不断深入，原来对中国理想化的想象和认知归于真实，中国热逐步降温，从而导致"满大人"图案逐渐消失。

明（古）装人物图大多没有故事或典故，一般人物较多，气氛较热闹，主要反映家庭生活、宴乐、祝寿、郊游等场景，与 17—18 世纪欧洲流行的洛可可风尚相契合（见本书第 198 页图版）。有少部分绘历史人物或历史故事，如"贵妃醉酒"（见本书第 212 页图版）、"掷果盈车"、"郭子仪祝寿"及三国人物故事等。

还有一种以金彩描绘卷草纹或花卉纹作地、配以开光图案作为边饰的广彩瓷器，主题纹饰以人物为主，呈现出富丽华美的整体效果。这种广彩瓷器大多制作精美，流行年代为清乾隆至嘉庆早期，在当时是法国王室喜爱订购之物，后因美国洛克菲勒家族喜欢购藏，因而被称为"洛克菲

---

14 Title Letters from Portuguese captives in Canton, written in 1534 & 1536:with an introduction on Portuguese intercourse with China in the firsthalf of the sixteenth century. Educ. Steam Press, Byculla. 1902. 这些信札当时未曾出版，但却以手稿形式传抄流传；学者弗格森（Ferguson）将藏于巴黎图书馆的该信札的一个抄本出版。弗格森认为这些手稿是 1534 到 1536 年写成的，其他学者却认为这些信札是 1524 年就寄出去了。在这些信札中"曼达林"一词以复数形式出现数次，有时有词尾的 n/m，如 mandar、mander、mander，有时没有 n/m，如 mandaris、manderys、mandarys。

15 década de sia e Castanheda, *História do descobrimento e conquista da ndia pelos portugueses*, Vol. VI, cap II, 26. Castanheda's spelling（in plural）is still mandarins.

图3　清乾隆广彩花蝶纹小碟　　　图4　清乾隆广彩蓝彩描　　　图5　清道光广彩描金花蝶纹菱形盘
　　　　　　　　　　　　　　　　　　金花卉纹碟

勒广彩瓷"（见本书第 186、210 页图版）。

2. 花卉花鸟纹

　　花卉花鸟纹也是广彩瓷器最常见的纹饰之一，在广彩生产的各个历史时期都大量出现，包括有花无鸟、有花有鸟、花蝶、花鸟蝶等图案。有的还与岭南佳果相结合，鲜花怒放、瓜果鲜活、彩蝶飞舞、草虫轻鸣，呈现出一派春意阑珊、生机盎然的景象。这正是广州气候温暖，鲜花四季常开，瓜果四季常熟，动植物生命力旺盛的真实写照。

　　广彩花卉也分中国传统花卉和西洋花卉两大类，绘画技法有所不同。中式花卉所画的一般都是我们日常生活中常见的花卉，使用的是与五彩和粉彩相近的平涂或渲染的技法。在清雍正至嘉庆时期，广彩花卉多以中西结合的技法描绘，即渲染、平涂加上细致的工笔线条，充分表达出明暗关系（图3~5）。19 世纪后广彩描绘中式花卉称为"挞花头"，即用水或油调色，不勾勒轮廓线，以彩料的浓淡和笔触的轻重点染出玫瑰花瓣的阴阳面，使花卉表现出立体感，借鉴的是中国画中的没骨画法（图6）。之所以用"挞"字，是表现用笔的快速和灵活。"挞花头"技法对绘画者的技艺水平要求非常高，该技法在 19 世纪后成熟、定型，成为广彩的传统技法沿用至今。

　　花卉纹样中还有一种比较特殊的——菲次休（Fitzhugh）式样，即四组、六组或八组中国传统花卉（牡丹、芍药等）下面绘丝带连接佛教八宝或八吉祥，这种纹饰我们俗称八宝花。由于英国东印度公司常驻广州管理会主任（亦译为大班、货监等）菲次休在 18 世纪后期经常定制这种纹饰的瓷器，故这种纹样的瓷器又被西方人称为"菲次休瓷"（图7）。菲次休纹样在景德镇和广彩均有生产，景德镇除了青花外，还有青花加描金、胭脂红、墨彩等；广彩中有麻色或麻色加描金、绿彩、干大红、黄彩等多种颜色。这种纹饰于 18 世纪 80—90 年代开始盛行，并延续至 19 世纪，在 18 世纪后期兴

图 6　清同治广彩开光人物花鸟纹双兽耳瓣口大瓶　　　　　　　　图 7　19 世纪红彩菲次休纹饰瓷盘

起时大量销往欧洲，19 世纪主要销往美国。销往欧洲的瓷器，图案中心多绘花卉、风景、纹章等，销往美国的瓷器中心多绘美国的标志性图案——鹰（图 8[16]）。

3. 风景山水纹

风景山水纹样中的中式风景有山水、庭院、航船以及写实的十三行图等。

山水风景纹构图以"之"字形走向表现近、中、远景的面貌，借鉴了中国画的构图和画法（见本书第 164、221 页图版）。

图 8　清嘉庆矾红彩徽章纹汤盅（美国皮波迪·艾塞斯博物馆藏）

十三行图是广彩特有的纹饰，多描绘于大盘、大酒碗上，有通景和开光两种形式，一般绘六面或七面国旗。通常第七面国旗是美国国旗，以此可鉴定该器物是中美航线开通（1784 年，清乾隆四十九年）之后的物品。广东省博物馆收藏的清乾隆广彩十三行通景图大碗，纹饰描绘了广州十三行商馆的面貌，绘有丹麦、大革命前的法国、

16　转引自 William R. Sargent, *Treasures of Chinese Export Ceramic: from the Peabody Essex Museum*, Peabody Essex Museum distributed by Yale University Press, 2012.

奥地利、瑞典、英国和荷兰六国的国旗，属于 1784 年以前的器物（见本书第 194 页图版）。

广州十三行自清康熙二十五年（1686 年）滥觞，到清乾隆二十二年（1757 年）实行海外贸易广州一口通商，经历了中西贸易最为兴盛的时期。1842 年（清道光二十二年）中英签订《南京条约》，规定清朝政府开放广州、厦门、福州、宁波、上海等五口通商，并在第五条规定"凡大英商民在粤贸易，向例全归额设行商承办。今大皇帝准以嗣后不必照向例。凡有英商等赴各该口贸易者，无论与何商交易，均听其便"[17]。由此废止了十三行独揽中国对外贸易的特权，广州十三行从此日趋没落。因此广彩中描绘十三行纹饰的器物出现于 18 世纪后期至 19 世纪初期，也就是十三行最为兴盛的时期，同时也是清代海外贸易最为兴盛的时期，在此前和此后都没有此类纹饰出现。

4. 动物纹

广彩中以动物纹为主题纹样的较少，主要出现在清末至民国早期，题材有龙、凤、鹿、鸡、鹰、鹌鹑等。

清光绪广彩瑞兽图大盘，描绘了五只传说中的瑞兽，生动活泼，动态十足，寓祥瑞之意（图 9）。

广彩中更多的动物图案出现在清末岭南画派介入广彩以后。

清末民初广彩"广东博物商会制"款安居图盘，外层边饰绘锦地纹，内层边饰绘开光山水图及广州

图 9 清光绪广彩瑞兽图花口大盘（顺德区博物馆藏）

市的标志性花卉红棉花，中心主题纹饰绘鹌鹑图，寓意安居乐业。外底心书红彩"广东博物商会制"篆书款（见本书第 269 页图版）。

岭南画派的创始人之一高剑父在清末时到日本留学学习绘画，其间接受了孙中山民主革命的思想。1908 年高剑父从日本回到广州，担任同盟会广州分会会长。他与同人们创办了"广东博物商会"，以岭南画派的绘画风格进行瓷器彩绘，纹饰题材有动物、人物、山水风景等。他们表面上是从事彩瓷生产和贸易，实际上是以此掩护同盟会的革命活动。1912 年初中华民国建立，广东博物商会的职能完成，高剑父也远赴江西景德镇继续学习和研究瓷器彩绘，以冀完成他瓷业救国的理想。因此，

17 《中外旧约章大全》编委会编《中外旧约章大全》第 1 分卷，北京：中国海关出版社，2004 年，第 69~74 页。

署有红彩"广东博物商会制"款或"广州芳村羊城化观瓷画室"款的广彩瓷器，时间当在 1908—1912 年，呈现的是岭南画派的绘画风格。岭南画派的介入，为广彩瓷器的绘制引入了一股清流，使部分广彩也出现了中国画，主要是岭南画派的风格特点，这种特点延续至民国早期的 20 世纪 20—30 年代。

三、广彩瓷器纹饰中的西方元素

广彩瓷器纹饰中的西方元素，主要体现在纹章瓷、人物及花卉、风景等纹样中，主要流行于 18 世纪，以欧洲市场为主。19 世纪以后，广彩市场逐步转向以美国及美洲为主，西方定制的纹样式微，但仍有部分纹章瓷，主要以与中式纹样相结合的形式出现。

1. 纹章瓷

明清时期欧洲来华定制的瓷器中，彰显个性和突显身份地位的纹章瓷大量出现。

纹章又称徽章，欧洲在中古时代就有自己的纹章体系，纹章诞生于中世纪的战场上，主要是为了识别因披挂盔甲而无法辨认的骑士。很多人认为纹章是贵族的专利，而纹章学也被人们称为"贵族的科学"。实际上，从 13 世纪起，在欧洲无论是贵族还是平民，只要遵守纹章术的规则，任何人都可以拥有和使用纹章。

发生在 1096—1291 年的十字军东征（The Crusades），即西欧天主教国家对地中海东岸的国家发动的六次宗教性战争，被认为是纹章起源并迅速发展的时期。纹章的发展，很大程度上依赖于骑士（Knight、Cavalier）阶层的形成和兴起，骑士属于贵族的最底层，他们必须在领主军队中服役并获得封地。到了 13 世纪，血统的观念在贵族阶层中滋生、蔓延和不断强化，通过与社会地位相当的贵族联姻来保持血统的纯正和纯洁成为当时贵族们的普遍做法，而纹章正好成为标识血统的理想符号。贵族们为自己及其后代争取纹章，以标示其贵族血统的纯正及其所享受的特权。至 14 世纪，纹章的使用者已超越了骑士和上层贵族阶层，除了他们的女眷也可以使用纹章外，社会上的其他阶层，如神职人员、普通市民等，也逐步使用纹章。纹章不仅个人家族使用，而且使用于社会团体、军队、城市、企业或机构等，同时纹章图案也用于装饰城堡、房屋、教堂、婚宴拱门等。

15—17 世纪，欧洲还未能生产硬质瓷器时，欧洲人就已有把家族纹章烧制于定制的陶器之上的习惯。

欧洲的纹章与中国瓷器结缘，始于 16 世纪 40 年代（明代中晚期）的葡萄牙王室与中国的景德镇之间，此后，西班牙王室等也相继来华定制纹章瓷器。17 世纪中期（明代晚期），欧洲来华定制纹章瓷沉寂了较长一段时间，17世纪晚期至18世纪又兴盛起来。清代（18—19世纪）欧洲和美洲人来华定制的纹章瓷品种更加丰富，纹章的类别和定制者的构成也更加多样。纹章的类别有家族、军队、公司或社团、城镇等，定制者除了皇室和王室成员、贵族外，还包括军官、商人、政界人士、知识分子、神职人员等。品种上除了青花瓷外，还有五彩、粉彩、中国伊万里瓷和广彩等。19世纪中叶以后，因欧美各国的制瓷产业发展起来，瓷器已非稀罕之物，此时东西方生产的纹章瓷都大量减少。

清代的纹章瓷产地主要是景德镇和广州，它们中有的是完全在景德镇或广州完成，有的是边饰完成于景德镇，徽章纹饰则到广州才加绘，全部或部分在广州完成的纹章瓷我们亦将其归入广彩。

青花广彩Fleming家族纹章纹盘，可能是由Hamilton Fleming于清乾隆晚期时（约1785年）定制[18]。盘子的边饰绘青花锦地及璎珞纹，盘心绘其家族纹章，扶盾者为一鹿一人，飘带上书拉丁铭文"LET THE DEED SHAW"，意为"让事迹彰显"。基座下绘带状小花，为典型的广彩画法。这件器物就是在景德镇画好青花边饰，到广州再加纹章彩绘的（见本书第208页图版）。

纹章瓷虽是来自西方的定制，但并非所有纹章瓷的纹样都呈现出西方的特色，有相当部分是中西合璧的。无论是景德镇瓷器还是广彩瓷器，许多纹章盘边饰都有中式和西式两大类，中式的有折枝花卉、缠枝花卉、如意云纹、锦地开光纹等，西式的有洛可可式、迈森式等。

广彩花卉瑞典William Chambers家族纹章纹咖啡盖壶（见本书第180页图版），约定制于1765年，此咖啡壶是为威廉·钱伯斯（William Chambers，1723—1796年）先生制作（图10）。威廉·钱伯斯是一位显赫的园林设计师，是在瑞典出生的苏格兰人，父亲是一位商人。他曾经以商人的身份，在18世纪40年代三次随瑞典东印度公司商船来到中国，是第一位学习中国建筑和装饰的欧洲人，1757年他出版了一本具有创新力及影响力的书——《中国建筑设计》。他在游历中国归国后，为欧洲的花园设计带来了许多东方的理念，以此取代了西方沉闷的设计。在皇室的资助下，威廉·钱伯斯在英国科尤设计和制造了一个非常

图10　威廉·钱伯斯像（图片来自网络）

18　David Sanctuary Howard, *Chinese Armorial Porcelain* Ⅰ. London: Faber and Faber Limited, 1974, p.714.

图11　1763年出版的版画，该画展示了1762年威廉·钱伯斯爵士为国王乔治三世在伦敦邱园设计的宝塔（收藏于英国皇家收藏信托基金）

有异国情调的园林邱园，园林里有一座非常著名的中国式宝塔（图11[19]）。他之后的论著《东方园艺论》继续表达了对中国的兴趣。威廉·钱伯斯的纹章瓷订单很有可能是他在英格兰担任国王的建筑师的时候，通过瑞典东印度公司定制的[20]。这件纹章咖啡壶的盖子和壶身口沿部分饰以带状的小碎花，这是18世纪后半叶欧洲洛可可风尚式微、新古典主义简约风格兴起的体现，器物上的折枝花卉，则是来自德国迈森纹样的影响。

清乾隆广彩瑞典 Gripenberg 纹章纹花口盘，盘心绘有 Gripenberg 家族纹章，Gripenberg 家族是一个瑞典和芬兰的联姻家族。盘边饰为德国迈森风格的描金开光，家族纹章和首字母缩写重复出现在开光中。这是销往瑞典市场的纹章瓷[21]（图12）。

清乾隆广彩描金 Roche 子爵家族徽章纹盘，盘心绘有爱尔兰南部科克郡弗莫伊 Roche 子爵家族徽章，盘边饰由洛可可式的卷蔓及贝壳元素组成（图13）。这个家族成立于12世纪，其成员多为军政界人士[22]。

墨彩婚礼场景图盘，盘边饰为金彩绘迈森风格的卷蔓纹，

图12　清乾隆广彩瑞典 Gripenberg 纹章纹花口盘

图13　清乾隆广彩描金 Roche 子爵家族徽章纹盘

19　转引自广东省博物馆编《惊艳"中国风"：17—18世纪的中国外销瓷》，广州：岭南美术出版社，2020年。

20　David Sanctuary Howard, *Chinese Armorial Pocelain Ⅰ*. London: Faber and Faber Limited, 1974, p.635.

21　广东省博物馆编《惊艳"中国风"：17—18世纪的中国外销瓷》，第166页。

22　David Sanctuary Howard, *Chinese Armorial Pocelain Ⅱ*. Published in Great Britain in 2003, p.242.

主题纹饰以墨彩绘婚礼场景，一对新人的四周围绕着众神。拱门上的铭文用拉丁文写着"SEMPER AMOR TE, FIRMTSJMUS ATQUE FIDELIS"（永远爱你，最坚定和笃诚），两个门柱上分别绘以纹章装饰（图14）。从画面上人神相混、现实与神话交汇的热闹场面来看，很可能是借鉴于巴洛克时期德国著名画家彼得·保罗·鲁本斯（Peter Paul Rubens，1577 年 6 月 28 日—1640 年 5 月 30 日）的作品《玛丽·德·美第奇抵达马赛》。玛丽·德·美第奇（法语 Marie de Médicis，意大利语 Maria de' Medici，1573 年 4 月 26 日—1642 年 7 月 3 日）是意大利托斯卡纳大公弗朗切斯科·德·美第奇之女，法国国王亨利四世的王后，路易十三的母亲。此画是鲁本斯为法国王后以《玛丽·德·美第奇生平》为标题所做的 21 幅组画之一，画面表现的是盛装的王后抵达马赛港时受到热烈欢迎的情景（图 15）。

图 14　清乾隆墨彩描金西洋婚礼图盘

　　清乾隆广彩 Adrian Valckenier 家族纹章纹盘，盘心绘荷兰的巴达维亚总督 Adrian Valckenier 家族纹章，边饰的里层是展开的花果纹。外边饰为金色折枝花卉纹与四个开光相间，其中左右及上三个开光内以墨彩分别绘有三处建筑风景，展示了荷兰的不同地方，左边为克利夫斯（Cleves）镇；下面的开光内绘有一只与纹章冠饰相同的展翅飞禽——猎鹰，实际是荷兰名字 Valckenier 的图形字谜，意为猎鹰。这种开光边饰是中式传统的做法，但开光内所绘的却是西方的建筑[23]（图16）。另外一个同样的纹章盘，边饰是三组精美的金色

图 15　[德]彼得·保罗·鲁本斯《玛丽·德·美第奇抵达马赛》1622—1625 年（卢浮宫藏，图片来自网络）

23　[英]安吉拉·霍华德：《来自中国的传家宝——18 世纪用于英国餐饮的纹章瓷》，陈湲译，广东省博物馆编《惊艳"中国风"：17—18 世纪的中国外销瓷》，广州：岭南美术出版社，2020 年，第 209 页。

图 16　清乾隆广彩 Adrian Valckenier 家族纹章纹盘　　　　　　图 17　清乾隆广彩 Adrian Valckenier 家族纹章纹盘

折枝花卉，为传统的中式风格 [24]（图 17）。

　　广彩"宣统年宝兴造"款纹章花卉纹碟，碟边饰为锦地纹；盘心主题纹饰为博古纹，画面右侧加绘瑞典 James Keiller 家族徽章，左侧绘蝙蝠、梅花鹿等图案，两侧周边绘花蝶纹，寓意福禄双全、花开富贵。盘底心书红彩"宣统年宝兴造"楷书款，外围书红彩"Alice Och James Keiller Canton 1910"（爱丽斯·奥赫 詹姆斯·凯勒 广州 1910）定制款（见本书第 264 页图版）。此对碟应是一整套定制餐具中的两只，由詹姆斯·凯勒（James Keiller）及其夫人爱丽丝·奥赫（Alice Och）于 1910 年在广州"宝兴"商行定制。詹姆斯·凯勒是 20 世纪初瑞典著名的收藏家、工业家、海洋探险家，曾经对瑞典东印度公司的沉船"哥德堡号"进行过打捞。凯勒夫妇毕生致力于中国瓷器收藏 [25]。"宝兴"商行创办于清代咸丰年间（1851—1861 年），主要经营陶瓷业务 [26]。该纹章碟呈现出典型的晚清广彩纹饰风格，并书有宣统年号、绘制商号及定制者落款等信息，具有珍贵的历史和研究价值。

　　广彩的纹章瓷在清雍正、乾隆、嘉庆时产量较大，主要还是由欧洲人定制。美国人定制的纹章瓷出现在 18 世纪末期至 19 世纪，除了个人纹章瓷外，还有城市徽章、机构徽章等。此时销往美国的部分定制外销瓷上面写有表示某人专属的大写字母，通常是用金彩花体字书写姓和名的第一个大写字母；或者直接把欧洲的一些纹章拿过来稍作修改，作为个人专属纹章使用。这是因为许多美国

24　David Sanctuary Howard, *Chinese Armorial Porcelain Ⅰ*. London: Faber and Faber Limited, 1974, p.393.

25　何龙宁：《"哥德堡号"沉船与广州十三行研究》，《广东史志》2002 年第 3 期。

26　David Sanctuary Howard, *Chinese Armorial Pocelain Ⅱ*. Published in Great Britain in 2003, p.704.

图 18　清道光广彩开光人物故事图大碗

的新移民没有家族纹章，故用这两种形式代替，有的学者亦称之为"伪纹章"（图 18）。美国定制的纹章瓷，除了字母纹章外，最为常见的当数美国鹰的图案。美国鹰即白头海雕，代表力量、勇气、自由和不朽，1782 年第一次用于美国国徽以来，它便成为美国的象征（见图 8）。

在 19 世纪，有部分广彩纹章瓷输往拉丁美洲国家，如墨西哥、巴西等地，这主要是由西班牙等地殖民者来华定制后带过去使用的。如阿尔门德罗斯（Almendares）纹章纹盘，盘子中心以金彩绘王冠纹章，下书铭文"Exmo Sor Marques de Almendares"，意为"阿尔门德罗斯侯爵阁下"。古巴阿尔门德罗斯（Almendares）侯爵 Miguel Antonio Herrera 出生于古巴哈瓦那，为古巴的西班牙统治者，拥有若干个咖啡和甘蔗的种植园、铁路和纺织品工厂，其家族当时在西班牙是一个显赫的家族，他本人曾任古巴岛费迪南德七世第三军团的指挥官。1838 年，波旁王朝摄政王后玛丽亚·克里斯蒂娜颁布皇令授予他 Almendares 侯爵头衔。1843 年，他在广州定制了成套餐具，此盘为其中的一件 [27]（见本书第 250 页图版）。

2. 西洋人物纹

广彩的人物纹有不少是以西洋人物为题材的，涉及休闲生活场景、政治题材、宗教与神话等。这类纹饰应该是来源于西方的画稿，当中尤以版画为多。流行的时间始于清雍正、乾隆时期，延续至清嘉庆、道光，道光以后逐步少见。

墨彩西方神话故事图咖啡杯（图 19），描绘的画面取材于一幅版画，内容是古罗马诗人奥维德（Publius Ovidius Naso，生于公元前 43 年）笔下的神话传说《变形记》中的一个故事：四

27　Rocío Diaz, *Chinese Armorial Pocelain for Spain*, p.394-397.

季之神威尔廷努斯（Vertumnus）为追求果树女神普玛娜（Pomona），伪装成一位老妇故意接近她，爱神丘比特坐在普玛娜的脚边。这是荷兰17世纪绘画流行的题材。威尔廷努斯

图19　清乾隆墨彩西方神话故事图咖啡杯

是一个掌管四季变化、庭园和果树的小神，年轻迷人，可以随意改变自己的形象，他爱上了果树女神普玛娜。但普玛娜对所有求婚者都报以拒绝的态度。为了能每天见她一面，威尔廷努斯每天不断地变化自己的形象，可惜普玛娜每天致力于培养果树，从来没有注意过他。直到有一天，威尔廷努斯变化成一个老奶奶，走进她的花园，并给普玛娜讲了一个年轻人被自己狠心的爱人抛弃，最后天神把这个狠心的女人变成石头的故事。但即使这样也无法让普玛娜意识到爱的重要，最后恼怒的威尔廷努斯脱去伪装，显现出他的真面目，太阳见到威尔廷努斯的光芒都躲进了云彩，普玛娜看到如此英俊的威尔廷努斯，接受了他的爱，并和他一起管理着花园。

广彩"帕里斯审判"图小盘，画面源自古希腊神话故事。希腊的英雄珀琉斯与海洋女神忒提斯结婚时邀请了所有的神祇参加婚礼，唯独没有邀请争吵女神厄里斯。恼怒的厄里斯偷偷溜到婚礼上，抛下一颗金苹果，苹果上刻着"献给最美的人"。天后赫拉、智慧及战争女神雅典娜还有爱神维纳斯因为金苹果而争吵了起来，众神之王宙斯让特洛伊王子帕里斯来裁决这场纠纷。帕里斯将金苹果判决给爱神而得到海伦，导致爆发了众神和众英雄参加的、以争夺世上最漂亮的女人海伦为起因的长达十年的特洛伊战争（见本书第214页图版）。

墨彩描金"耶稣诞生""耶稣受难""耶稣复活"图盘，纹饰以耶稣为题材的通常是以这三个内容为一组出现，表现了耶稣的人生主要经历。画面以墨彩加金彩描绘，盘边沿绘丝带缠绕的花卉纹，盘心主题纹饰分别绘"耶稣诞生""耶稣受难""耶稣复活"等内容（见本书第216页图版）。画面源自《圣经》里《马太福音》的记载，"耶稣诞生"：当圣母玛利亚快要临盆的时候，罗马政府下了命令，所有人必须到伯利恒（巴勒斯坦中部城市，犹太山地顶部，耶路撒冷以南）申报户籍，约瑟夫和玛利亚只好遵命。他们到达伯利恒时，天色已昏，无奈两人没能找到旅馆住宿，只有一个

马厩可以暂住。于是玛利亚只能在马槽里生下耶稣。"耶稣受难"：门徒犹大出卖耶稣，致使在"最后的晚餐"的当天晚上，耶稣在橄榄山的客西马尼被祭司长和长老带来的一伙人捉住，祭司长和长老们决定要处死耶稣。次日早晨，他们把耶稣带到罗马巡抚彼拉多面前，剥光了他的衣服并钉在十字架上处死，在他的头顶上钉着一

图 20　荷兰《圣经》版画插图"耶稣"，[荷兰] 简·路肯（Jan Luyken, 1649—1712 年）绘制，1734 年第一次出版

个牌子写着"INRI"，意为"犹太人的王"。与耶稣同时处死的还有两个强盗，分别钉在了他的左右两边的十字架上。几个卫兵在地上拈阄瓜分耶稣的衣服。"耶稣复活"：耶稣被钉在十字架处死后的第三天，几个女人来到耶稣的坟墓准备为他的身体擦香油（此事本该在人死后马上做的，因耶稣死亡时已进入安息日，所以延迟到了下个周一），却发现坟墓入口的石头已经滚开，坟墓里空空如也。几位天使告诉她们，耶稣已经复活了。耶稣在复活后的第四十天，在门徒们的注视下升入了天堂。画面描绘了几个卫兵和女人倒卧在地，耶稣升天。

这组瓷器同样是以西洋版画技法绘成，应是根据荷兰《圣经》里的版画插图（图 20[28]）而作，年代在清乾隆时期（18 世纪 30—40 年代）。

与清康熙时期的青花相比，墨彩的效果更接近于西方版画的原稿。因此，在景德镇瓷器的墨彩技法成熟以后，这类西方来样定制的宗教和神话故事题材的瓷器多采用墨彩绘制，而这类墨彩瓷器在景德镇与广州均有生产[29]。

此外，还有花园春游、洋人狩猎、洋人归航等现实生活的题材。

广彩锦地开光洋人狩猎图潘趣碗，描绘的是骑马狩猎的情景（图 21）。在 17—18 世纪，狩猎

28　转引自 Jorge Welsh, *Christian Images in Chinese Porcelain*. London; Lisbon: Jorge Welsh Oriental Porcelain & Works of Art, 2003.

29　详见黄静《它们来自广州：墨彩版画技法绘瓷的产地探讨》，《收藏》2014 年第 9 期。

图 21　清乾隆广彩锦地开光洋人狩猎图潘趣碗

是欧洲上层社会流行的消遣活动之一，当时的油画也常以狩猎活动为题材，主要表现追逐猎物的快感。英国传统的男性狩猎服正是耀眼的红色，被称为"粉红色"狩猎服（Hunting Pink）。

广彩西洋人物上学图花口小碟，盘心绘西洋人物图，画面为两个小孩出门上学，他们的母亲在门口向他们挥手告别。此画面来自托马斯·斯托达特（Thomas Stoddart，1755—1834 年）的一幅版画，生活气息浓厚[30]（见本书第 215 页图版）。

销往印度的广彩瓷器，目前所见数量极少，清乾隆年间的仅有几个盘子及咖啡杯等，纹饰带有明显的印度元素：画面以玻璃白沥粉绘缠枝花卉纹边饰，主题纹饰为开光内绘穿着印度服装的一名男子手握鞭子骑于大象之上（亦有人称这种纹样为"大象与象夫"）。这种纹饰的广彩瓷器并不多，目前所见的主要有：英国维多利亚与艾伯特博物馆（V&A）、美国温特图尔博物馆（Winterthur）各一件，分别为圆形和椭圆形盘；国内上海私人收藏一件，圆形盘，据收藏者介绍是从英国购回；另英国藏家收藏咖啡杯一件；广东省博物馆收藏圆形盘子一件，为广州私人藏家捐赠（见本书第213 页图版）。原维多利亚与艾伯特博物馆的中国古陶瓷研究专家柯玫瑰 (Rose Kerr) 女士向笔者介绍，维多利亚与艾伯特博物馆的这件盘子是来自捐赠，捐赠者是当年定制这件盘子的主人的后代。据该捐赠者介绍，他的祖先当时是从英国到印度殖民地当官的，而这些瓷器是当年从中国定制后带到印度使用的。所以，清代广彩瓷器纹饰带有印度元素的器物极为少见，当属少量的个人定制。而这个画面的来源如何？是去了印度的英国画家的作品，还是印度画家所画？又或是定制瓷器者自己

30　David Howard & John Ayers, *China for the West*. Published for Sotheby Parke Bernet Publications by Philip Wilson Publishers Limited, London, 1978, p.288.

所画？这些问题现在都无从考证，只能寄希望于将来能有更多的资料被发现。而这类为数不多的文物也反映了英国对印度殖民的历史。

英国对印度的殖民入侵，始于 17 世纪初。1600 年 12 月 31 日，英王伊丽莎白一世批准了不列颠东印度公司负责东方贸易。东印度公司的第一批船只于 1608 年到达印度，于今古吉拉特的苏拉特城入港。四年后英国商人经历斯沃利战役击败了葡萄牙人，由此赢得了莫卧儿皇帝贾汉吉尔的信赖。1613 年，英国在印度西海岸的苏拉特建立了贸易据点，之后相继在东西海岸占据了马德拉斯、加尔各答和孟买，此后陆续从这些据点向印度其他地区扩张。1615 年，英王詹姆士一世委派托马斯·罗伊（Thomas Roe）为驻莫卧儿王朝使节，并由他与莫卧儿签订了通商条约，条约规定：允许东印度公司在印度建立贸易据点，以此作为从欧洲运输商品过来的报答。公司主要从事棉花、丝绸、硝石、靛青和茶等日用品的贸易。1670 年，查理二世准许东印度公司获得领土，并在其控制区内建立军队、铸造钱币和行使其他权力。1757 年普拉西战役中，罗伯特·克莱武率领英军击败孟加拉的军队。自此以后，英国东印度公司的地位得到确立，英属印度的时代被普遍认为开始于此。1773 年诺斯勋爵的《印度规管法案》获得国会通过，授权英国内阁管理东印度公司，但不直接管理公司内部事务，成为英国政府控制印度的第一步，首次规定设立印度总督的职位，首任总督为沃伦·黑斯廷斯。从上述广彩盘的风格来看，沥粉缠枝花卉边饰的装饰技法，流行于清雍正至乾隆中期；广彩花卉和人物衣服西红的写法、大象翎毛的工笔画法，均属于典型的乾隆时代特征。因此，这些应当是乾隆早期至中期的器物，应在 18 世纪 70 年代或之前。

19 世纪以后，印度来华定制的广彩瓷器数量依然不多，主要是定居或生活在印度的欧洲人的订单。与其他国家和地区的一样，定制纹样极少见，多见在传统广彩纹样的基础上在留白处加绘纹章或铭文。

清同治广彩孟买铭文人物山水纹茶杯及托碟，是 19 世纪以后少量的来自印度的广彩定制瓷器之一。杯碟上的金彩开光内以墨彩书有"CHINOY FAMILY"（奇诺伊家族）、"1865"（清同治四年）、"BOM BAY"（孟买）等字样。孟买为印度重要的海外贸易港口，因此此套广彩瓷器极有可能是工作或生活于印度孟买的西方人所定制的（图 22）。

清道光广彩波斯文大碗，碗内外壁开光内满绘人物生活场景。碗外壁四个开光内有金彩书写的波斯文，大意为伊朗沙赫·菲鲁兹即菲鲁兹王子于 1850（清道光三十年）—1851 年定制此大碗用于宴会（见本书第 246 页图版）。这类阿拉伯地区定制的广彩瓷器主要有大碗、盘等器类，都是在传

图 22　清同治广彩盅买铭文人物山水纹茶杯及托碟（潘荣辉先生捐赠）

图 23　清乾隆广彩小天使图盘

图 24　清乾隆广彩麻色西洋风景纹碟

统广彩纹样的基础上于留白处加绘铭文。

3. 西洋花卉纹

景德镇青花和广彩在清乾隆、嘉庆时较多出现西洋花卉纹饰，花卉品种与画法均与中国传统的不同，花卉大多是我们叫不出名字的品种，画法上完全不同于中式传统花卉的平涂或渲染画法，使用了西洋画中的透视技法和版画的技巧，以细腻的工笔画出，以细致的线条表现明暗关系（见本书第 166、180 页图版）。

洛可可风格在 18 世纪上半叶风靡整个欧洲，体现在广彩瓷器的边饰上，则是对卷蔓与贝壳、海螺等图案的精细描绘（图 23，见图 13）。18世纪下半叶，因新古典主义兴起而流行简洁为美，边饰转为流行垂帘式带状小碎花。

4. 西洋风景纹样

有远景或近景的城堡、庭院等，有的只有城堡风景，没有人物，有的则与人物相结合，多描绘轻松休闲的生活情景。这类纹饰多见于清雍正至嘉庆时期（图 24，见本书第 224 页图版）。

5. 港口与航船纹样

在大航海时代来临之后，全球贸易便以海洋贸易为主，并且发展迅速。因此，明清外销瓷中描绘东西方港口、海船等纹饰的器物也逐渐增多，广彩瓷器亦不例外。

清乾隆广彩洋人归航图大碗，描绘了西方航船归航的情景：在一个西方的港口，岸边一侧是城堡，几个人坐在中式的桌子旁边，地上堆满了大包小包的来自东方的舶来品（图 25）。

6. 模仿迈森纹样

1710 年，德国迈森瓷厂成功生产出优质瓷器，但是在当时，迈森瓷器产量少，价格相当昂贵。于是，有些精明的欧洲瓷器商人就带着当时在欧洲流行的迈森瓷器纹样的画稿，前来中国定制瓷器，价格比欧洲便宜很多。因此清乾隆时期中国瓷器也出现了部分模仿迈森纹样的器物——其中有一部分是完全来自西方的样稿，画面呈现出典型的"中国风"特点，所绘中国人物，着装是中式的，但五官却带有西式特征；另一部分则是对这类画稿的模仿，人物完全是中式的，只是画面构图和形式是模仿迈森风格的。

从迈森瓷器传世品的纹饰风格来看，这类纹饰的流行时间大约在 1720—1735 年，主要有胭脂红绘玫瑰花、卷蔓形开光内绘中西人物及风景图等纹样，体现了当时欧洲流行的洛可可风尚。在中国定制的时间应该在 18 世纪 30 年代，品种有景德镇粉彩和广彩。值得一提的是，迈森风格的边饰——用金彩描绘的卷蔓纹，对清乾隆时期景德镇粉彩瓷器和广彩瓷器的影响都很大（图 26）。

图 25　清乾隆广彩洋人归航图大碗

图 26　清乾隆广彩开光外国风景图大碗

四、清代广彩用彩的中西方特质

1. 五彩、粉彩与广彩的用彩特点

五彩俗称"古彩""硬彩"等，主要着色剂是铜、铁、锰等金属盐类，基本色调以红、黄、绿、蓝、紫等彩料为主，纹饰需要施于釉上，再在770~800℃彩炉中二次焙烧而成。五彩是景德镇窑在宋元时期磁州窑釉上加彩器的基础上发展起来的。明宣德时已有五彩，以红、绿、黄三色为主；明嘉靖、万历时期，五彩极盛一时；清康熙时发明了蓝彩和黑彩，使釉上五彩取代了青花五彩，成为彩瓷的主流。清雍正至乾隆时期粉彩流行，五彩制作趋于衰落。五彩的用彩特点是平涂，基本不表现画面的明暗关系和阴阳向背（图27）。

粉彩是清康熙末期出现的一种瓷器低温釉上彩，是五彩进一步发展与升华的结果，至清雍正、乾隆时期盛行。粉彩又称"洋彩""软彩"，其工序是先在高温烧成的白瓷上用墨线起稿，绘出图案的边线，然

图 27　清康熙五彩人物大盘

后在图案内填上一层可作熔剂又可作白彩的玻璃白，彩料施于玻璃白之上，再经过画、填、洗、扒、吹、点等技法将颜色依深浅的不同需要晕开，使纹饰有浓淡明暗层次，经 720~750℃ 的低温烧成。粉彩器由于掺入粉质（玻璃白），吸收了中国画与西洋绘画的表现方法，使画面风格近于写实，立体感较五彩更强（图 28）。

中国画设色技法中的勾线填彩法为：先用墨线勾勒出对象的轮廓，然后用颜色在勾好墨线的范围内填满颜色，要求填得平整均匀，因此也称单线平涂（图 29[31]）。五彩虽不用黑彩勾勒边线，但写彩技法与之较为接近。粉彩的技法是在玻璃白打底的基础上渲染彩料，能表现一定的明暗关系，在某种程度上已受到西洋绘画的影响。同时，以黑彩勾勒边线再在勾好轮廓的范围内渲染彩料，亦是受到中国画设色技法的影响。

图 28　清乾隆粉彩三国故事吕布戏貂蝉图大盖罐

粉彩使用的彩料相较于五彩已大为丰富。前文所述的清康熙末年开始从西洋进口的六种彩料，以及清雍正六年（1728 年）以后国产研制成功后多达十余种的颜色，在粉彩瓷器绘制上都有使用。

广彩瓷器因是在重要的海外贸易港口广州根据西方客商的需求进行彩绘，所以较多使用西洋进口的彩料。如胭脂红，亦称金红，广彩行话称西红，由于呈色剂是黄金，价格较为昂贵，在

图 29　清改琦《红楼梦人物·宝玉·黛玉》（中国国家博物馆藏）

31　作者摄于广东省博物馆展厅。

图 30　清雍正薄胎粉彩描金人物纹碟

景德镇粉彩瓷器中一般为官窑使用，普通民窑是极少使用的。还有黄彩，中国传统瓷器使用的是以氧化铁为呈色剂的，俗称铁黄。来自西洋的锑黄（以氧化锑为呈色剂，呈现出娇柔的柠檬黄色）进入中国后，主要用于官窑瓷器，一般民窑瓷器使用较少。但金红和锑黄等彩料，在西方订购或定制的外销瓷器中则较多使用。如清乾隆粉彩三国故事吕布戏貂蝉图大盖罐，即为当时外销欧洲的瓷器，画面中较多地使用了金红和锑黄（见图28）。而广彩瓷器中西红是最主要的彩料之一，广泛使用于描绘人物衣服、花卉等。其次是用西红加水青（亦称法蓝，为釉上蓝色彩料）调制成的茄紫色，在清雍正至乾隆时期的广彩中使用较多。广彩所使用的黄色基本是锑黄，不用铁黄。

在广彩的初创期，除了白瓷胎来自景德镇以外，师傅和原料也同样来自景德镇，因此早期广彩的面貌与景德镇同期的粉彩十分相似，难以区分。清雍正广彩"五羊山居"铭花鸟纹碟，上书铭文"己酉小春偶写于五羊山居"，落红彩印章款"山人"。可见这是清雍正七年（1729 年）在广州彩绘的作品（见本书第 161 页图版）。清雍正薄胎粉彩描金人物纹碟，为景德镇粉彩制品（图 30）。从胎釉、彩绘等风格看二者十分接近，如果没有"五羊山居"铭文的话确实不好区分。与清雍正广彩"五羊山居"铭花鸟纹碟相近的早期广彩瓷器还有"岭南绘者""写于珠江精舍"等铭文的制品，纹饰以花鸟为主，亦有绘人物的，器类有茶杯及托碟、瓶等。在清雍正至乾隆时期，广彩进入发展的第一个高峰，逐步形成自己的写彩特色，同时兼容了景德镇瓷器五彩和粉彩的技法，并融入了西洋油画的写彩技法及用彩厚重的特点。

虽然粉彩与广彩均使用较多的颜色，且都在绘画时表现了一定的明暗关系。但广彩用彩浓厚、艳丽，并且使用金彩较多，呈现了华丽与绚丽的视觉效果，明暗关系处理较之粉彩更具体，写彩中运用了西方油画中的光影处理技法（这一点是粉彩所不具有的），因而用彩的西方特质更为明显。

2. 色彩鲜艳华丽源自西方的审美风尚

广彩瓷器在其出现之初，因师傅及彩料均来自景德镇，因而其呈现的风格与景德镇的粉彩瓷器并无二致：用彩较薄、较淡雅，技法也是粉彩的勾勒、渲染技法。到清雍正后期至乾隆时期，广彩自身独特的特色形成，呈现出用彩丰富绚丽、追求华丽的效果，这些特点的出现主要是受到西方审美习惯的影响：一方面受到油画色彩的影响，另一方面受到当时欧洲社会流行的巴洛克与洛可可风尚的影响。

巴洛克（Baroque）一词源于西班牙语及葡萄牙语的"变形的珍珠"。巴洛克艺术是指1600—1750年在欧洲盛行的一种艺术风格，它最基本的特点是打破文艺复兴时期的严肃、含蓄和均衡，注重强烈情感的表现，具有动人心魄的艺术效果。巴洛克艺术于16世纪后半期在意大利兴起，17世纪步入全盛期，18世纪逐渐衰落。巴洛克艺术对于18世纪的洛可可艺术与19世纪的浪漫主义都有积极的影响，其艺术特点是打破理性的宁静与和谐，强调激情、动感与想象力，具有浓郁的浪漫主义色彩。

洛可可艺术（Rococo）是18世纪产生于法国、流行遍及欧洲的一种艺术形式或艺术风格，盛行于法国国王路易十五统治时期（1715—1774年执政），因而又称作"路易十五式"。该艺术形式具有轻快、精致、细腻、繁复等特点。洛可可（Rococo）一词由法语Rocaille（贝壳工艺）和意大利语Barocco（巴洛克）合并而来。Rocaille是一种用贝壳或鹅卵石做成的装饰，常用于17世纪意大利的人造山洞或花园，后来传入法国。作为一种室内设计、装饰艺术、绘画、建筑和雕刻风格，洛可可的特征是连绵的叶形花纹，过度地使用卷曲和自然的形式，制造轻柔、精致、优美、高雅的格调。其最显著的特征就是大量使用"C"形和"S"形曲线，以及贝壳或其他自然物体的线条作为装饰。有人将洛可可风格看作巴洛克风格的晚期。洛可可风尚于18世纪在巴黎兴起，成为遍及建筑、装饰、美术、音乐等社会生活各个方面的艺术风格，并迅速从法国宫廷蔓延到欧洲各地，成为一种生活态度。这股时尚之风之所以能迅速蔓延，也与当时欧洲的政治形势不无关系。经过16至17世纪的文艺复兴和新教改革之后，在17世纪末至18世纪初，欧洲社会的神权统治大为削弱，宗教的束缚也大为松弛，各国君主逐步把昔日掌握在教会手里的政治、经济、文化、教育等权力转移到自己手中。商业的繁荣使富人阶层、中产阶级迅速崛起，他们热切希望着以财富融入上层社会，由此而导致了享乐之风的蔓延。此时虽然仍是君主制，但民主的思想和个性的追求逐渐在社会各阶层渗透，追求轻松、享乐和个性化成为时代理想。法国国王路易十五曾说出"在我之后管它洪水滔天""现世一周的享受胜过死后八百年的荣耀"等"名言"。洛可可风尚以优雅、轻柔、华丽、欢快的特质，充满了畅快和享乐的艺术效应。

至18世纪下半叶，随着洛可可艺术风尚的式微，欧洲新古典主义（Neoclassicism）兴起，希望以重振古希腊、古罗马的艺术为信念，以典雅端庄的高贵气质和简洁、雅致为艺术特征。

图 31　阿尼奥·加迪（1345—1396年，意大利）《抹大拉的圣玛利亚、圣本尼迪克特、克莱维尔的圣伯纳德与亚历山大的圣凯瑟琳》（约1380—1390年）（美国纽菲尔兹印第安纳波利斯艺术博物馆藏）

图 32　拉斐尔《西斯廷圣母》（1513—1514年）（德国德累斯顿茨温格博物馆藏）

图 33　安东尼·凡·戴克（1599—1641年，弗兰德斯）《基督进入耶路撒冷》（约1617年）（美国纽菲尔兹印第安纳波利斯艺术博物馆藏）

在广州十三行兴盛的时期，也正值"中国风"盛行欧洲，广彩瓷器大量生产并外销欧洲的时期。此时巴洛克和洛可可风尚的流行使华丽的装饰、对生活享乐的追求成为时尚，由此导致此时的广彩亦以绚丽明艳的画风、享乐愉悦的纹饰主题迎合西方的市场。到清乾隆后期，新古典主义兴起，部分广彩的纹饰亦相应呈现出简洁的风格，但用彩仍然延续了前期厚重浓烈的特征。清乾隆广彩花卉瑞典 William Chambers 家族纹章纹咖啡壶，主题纹饰以西红、茄紫等色料绘花卉纹，壶身近口沿处及壶盖绘带状小碎花为边饰（见本书第 180 页图版）。这种简约的带状碎花边饰正是新古典主义风格的体现，与较早前繁复华丽的风格差异明显。

综观文艺复兴以来西方的油画作品，尤其是在较早期的宗教绘画里，多用红色、蓝色、茄紫色、黄色、白色、绿色等颜色，用彩都较为鲜艳、丰富（图 31~34[32]）。这些彩料的颜色在广彩瓷器中也较为常见，而在景德镇等其他彩瓷中却

32　图 31、33、34 转引自广东省博物馆、湖南省博物馆编《从伦勃朗到莫奈：欧洲绘画五百年》，南京：江苏凤凰文艺出版社，2020 年，第 31、53、104 页；图 32 来自网络。

相对少见。即使是同样使用红、绿等色彩，在中国传统审美理念中，彩瓷仍以素雅的风格取胜，浓艳厚重、热闹繁复的广彩通常被认为"艳俗"而不受欢迎。

3. 写彩技法源自西方绘画的影响

清雍正、乾隆时期的粉彩瓷器，尤其是外销瓷器，也较多使用进口的或后来国产的彩料，如胭脂红、柠檬黄、法蓝、湖水绿、白色、月白色等。但其写彩技法是勾勒边线后填彩渲染，人物衣纹的处理是以黑彩勾勒边线后填彩，衣纹褶皱以黑彩线条表现（图 35）。虽然粉彩彩绘借鉴了西方油画的焦点透视，但这种写彩的技法与西方油画相比还是有所不同的——它们并不注重光影效果的体现。

广彩的绘画在融汇五彩和粉彩技法的基础上，更多的是运用西洋油画焦点透视的技法，重视光影的运用，直接在瓷胎上写彩，用彩厚重，表现明暗关系更到位。

图 34 让－奥诺雷·弗拉戈纳尔（1732—1806年，法国）《母爱的乐趣》（约 1754 年）（美国纽菲尔兹印第安纳波利斯艺术博物馆藏）

人物纹样是广彩最为常见的纹饰之一，其绘画技法主要有"折（设）色人物"及"长行人物"。

"折（设）色人物"：以黑彩勾勒边线，然后在边框内填彩，不用玻璃白打底，直接在瓷胎上写彩，并通过运笔表现出明暗关系（图 36、37）。

图 35 清乾隆粉彩西洋人物图杯、碟

"长行人物"：少部分关键部位勾勒边线定位，其余部位直接用彩料写出人物的姿态及衣纹肌理（见本书第 210 页图版）。

"折（设）色人物"出现较早，是源于粉彩技法的影响。"长行人物"技法出现于清雍正晚期至乾隆早期，在乾隆时已相当成熟，此后与"折（设）色人物"同时使用，这种情况一直延续至今。但"长行人物"技法为广彩所独有，其他彩瓷是没有的。

通过与外销画及西方油画的对比，不难发现，无论是"折色"或是"长行"，此时广彩的人物

图36　清雍正广彩人物纹杯、碟

图37　清乾隆广彩人物花瓣形扁瓶

绘画技法和外销画均与西方油画的写彩技法、对光影的运用如出一辙——通过直接写彩表现出人物衣纹的肌理、明暗关系。又如广彩西洋人物上学图花口小碟（见本书第215页图版）与《西斯廷圣母》（见图32）比较，人物衣服紧贴腿部的画法和所呈现的效果都是一致的。可见，广彩瓷器在绘画技法上主要还是受到西洋绘画的影响。

花卉花鸟纹是广彩的另一个常见纹样，贯穿于广彩发展历程的始终。十三行时期广彩的花卉纹饰常用颜色有西红、茄紫，其中尤以西红使用最为广泛（见本书第166、180页图版）。同时期欧洲所生产的瓷器亦非常流行西红与茄紫色描绘的花卉纹样。这种艳丽的花卉纹样尤其受到当时欧洲女性的青睐，这与当时欧洲洛可可风尚的盛行有着密切的关系（图38）。这一时期景德镇生产的外销瓷也常见胭脂红描绘的花卉纹，使用粉彩的技法，即在玻璃白打底的基础上渲染彩料（图39）。而广彩是直接在胎釉上写彩，以细致的工笔线条描绘出花瓣的明暗关系，与欧洲瓷器的绘画技法是一样的。

19世纪中叶（清道光时期）以后，广彩描绘花卉转为使用"拓花头"的技法，即用水或油调色，不勾勒轮廓线，仍然是直接在胎釉上写彩，以彩料的浓淡和笔触的轻重点染出花瓣的阴阳面，使花卉表现出立体感（见图6）。这种技法借鉴的是清初画家恽寿平（1633—1690年）的没骨画法（图40[33]）。色彩仅使用西红，基本不再使用茄紫。

4. 常用色彩

广彩的彩料多达十余种。在十三行时期，为满足西方需求使用较多的颜色，主要有西红、茄紫、金彩、

图38　18世纪中叶德国迈森花卉纹执壶（英国剑桥大学费茨威廉博物馆藏）

图39　清雍正粉彩花卉纹瓣口盘

麻色、水青、湖水绿（也叫鹤春）、干大红、黄彩等，极具特色。

西红：即景德镇的金红、胭脂红，原先是从西洋进口的彩料，清雍正六年（1728年）以后逐步国产化，以黄金为呈色剂。景德镇多用油调开，故色彩浓厚。而广彩多用水调开，故施彩厚薄自如，即使厚重也是透明的。在描绘人物衣纹或花瓣时，易于化开渲染，根据需要表现出纹理和阴阳面。这种彩料因成本昂贵，景德镇民窑瓷器中除外销瓷器外，一般民窑瓷器使用极少。广彩因外销需求（西方尤其是女性特别钟爱这种颜色）而使用较多，是广彩使用最为常见的色料，贯穿了广彩的整个发展历程。

水青：也称法蓝，接近青花的釉上蓝色。

茄紫色：用西红和水青调配而成，但颜色较景德镇茄皮紫清淡、明艳，与西红一样，多用于花卉与人物衣服。19世纪中叶以后逐渐少用。景德镇的茄皮紫釉以氧化锰为呈色剂，二者属于两个不同的呈色系列。

金色：用于器物边饰及口沿、把、纽处（斗金），以及花纹之间的空白处（积金或

图40　清恽寿平花卉册页（故宫博物院藏）

33　作者摄于故宫展厅。

织金）。是广彩使用较多的颜色之一，贯穿于广彩的整个发展过程，尤其是清道光以后大量使用于织金。早期使用的是成色很高的黄金，称为乳金，制作时用黄金熔成金片，用乌金纸间隔分叠，捶打成金箔，然后放在大瓷乳盆中，人工研磨成糊状金粉。使用金彩的工序一般由作坊老板（清代广彩行业称"揽首"）或他的家人、亲信完成。清末开始有的使用化学金水。

干大红：即景德镇的矾红，以氧化铁为呈色剂，但较矾红色浅而鲜亮。制作色料时先把青矾煅烧，脱水后用水漂洗，取其浮在水面的"红种"，调入铅粉研磨，再加入牛皮胶制成干料块，彩绘时直接用毛笔蘸水在干料上挑调。在十三行时期的广彩中常用于描绘建筑、作为背景的山水风景、边饰图案、锦地纹边饰等，有时也用于描绘人物衣服（图41）。

麻色：用干大红（即景德镇的矾红）与黑色调配而成，根据需要可调出酱、褐、棕、橙红、橙黄等深浅不同的色调。这种颜色在景德镇彩绘瓷中极少使用，而广彩使用较多，是欧洲人非常喜欢的一种颜色。使用时有单一使用的，也有与金彩相结合的，或与其他颜色搭配使用。或许是因为这种色调与西方的油画比较接近，在18世纪销往欧洲为主的广彩瓷中，麻色的运用尤其突出（见本书第252页图版）。19世纪广彩市场转移向以美国为主以后，麻色的广彩瓷器仍然有生产。

湖水绿：也叫鹤春，因色似青皮鸭蛋壳或鹤蛋壳的发青颜色而得名（广州方言称"蛋"为"春"）。这种颜色常用于广彩，景德镇生产的外销瓷也较多使用，但景德镇的官窑及民窑瓷器极少使用。

黄彩：使用进口的锑黄，色泽更为明艳，与中国传统的铁黄不同。

19世纪中叶以后随着对外贸易市场的变化，广彩的用彩及纹饰特点逐步产生了变化，用彩方面改变为以大红、大绿、大金为主，此时广彩使用的彩料主要有西红、大绿、湖水绿、黄彩和金彩；纹饰构图改变为指甲形（亦称"C"字形）开光分隔的程式化纹样。在人物纹样方面仍保留了西洋油画的写彩特征，人物中的折色人物和长行人物继续使用。花卉中借鉴中国画中的没骨法，创新了"挞花头"技法。为了呈现华丽的效果，在花卉或花鸟纹饰的空隙以金彩填满，此即为织金技法。这些用彩特点和技法成为广彩的传统风格而延续至今。

总而言之，广彩瓷器是在中西贸易进入繁荣发展的时期，为了外销西方而出现的釉上彩瓷品种。它以异地瓷胎广州加彩的方式，既保留了传统中国瓷器的艺术特色以迎合西方世界对东方艺术的迷恋，又融入了西方纹样以及西方绘画的用彩技法以满足其市场的需求。广彩瓷器发展至今历经三百余年，其间经历过高潮与低迷，但它始终坚持融汇与创新，其中西合璧的艺术特质从未改变，形成了自己独树一帜的艺术风格。

本文为作者的《浅析清代广彩瓷器纹饰中的中西方元素》（发表于《地方文化研究》2022年第4期）及《十三行时期广彩瓷器用彩的西方特质》（发表于王元林主编《广州十三行与行商研究》，世界图书出版公司，2023年）两篇文章合并修改而成。

《广东省博物馆藏品大系 陶瓷卷（二） 广东陶瓷》的出版，是对广东省博物馆多年以来广东陶瓷收藏与研究情况的总结，在著书宗旨和编撰风格上，延续了《广东省博物馆藏品大系 陶瓷卷（一） 历代陶瓷》的优良传统，并体现了自身独有的特色。

首先，延续了《广东省博物馆藏品大系 陶瓷卷（一） 历代陶瓷》的宗旨和风格。在编辑本卷时，力求达到图文并茂，兼顾资料性、学术性和可读性。第二，在选取文物藏品时，考虑到汉代以前的内容，以及唐宋一些窑口的藏品在本大系的《出土出水卷》介绍比较多，因此本册选取这一阶段的文物数量较少，而把重点放在了特色明显、影响深远、我馆收藏数量大的明清时期石湾陶和广彩瓷上。

结合广东陶瓷的收藏、保存、管理与研究状况，《广东省博物馆藏品大系 陶瓷卷（二） 广东陶瓷》呈现以下特点：

一、按窑口分章节，每个章节按照时间序列排列文物。这种分类方式，能比较全面地呈现每个窑口的发展历史，每个时期的生产面貌和特色。我们会发现每个窑口都在特定的历史时期，绽放其独特的艺术魅力。二、时间序列较为完整。本卷收录的广东陶瓷从陶瓷业兴旺发展的唐代伊始，一直到 21 世纪的作品，包括工艺美术大师作品，体现了陶瓷的发展源流和工艺传承发展。三、体现了浓浓的广东地域特色。在本卷中，一方面，我们可以感受到广东陶瓷是中国陶瓷的一个重要组成部分，是借鉴全国各地窑口精华而发展起来的重要一脉；另一方面，在广东独特的地理气候和人文传统影响下，广东陶瓷有浓浓的岭南风物特色和外向型特点。

在文物选取上，我们很难做到面面俱到，只能是涵盖全面，突出重点。现当代工艺美术大师的作品精彩纷呈，但由于篇幅所限，我们无法全部纳入。

本卷是广东省博物馆多年以来广东陶瓷文物收藏情况的汇报、研究成果的呈现。我们希望此书能为广东地方文化传承和发展添上浓墨重彩的一笔，也深信广东陶瓷研究将一如既往地致深致远、硕果累累。

在本卷的编撰过程中，馆领导给予了高度的重视，我馆参与编写的同志以认真负责的态度，精心挑选文物藏品，严谨、细致地撰写说明，付出了大量的心血。我们的编撰工作能顺利完成，也得益于宋良璧等前辈学者为我们留下的良好的研究基础。同时，我们也得到了中国古陶瓷研究领域的著名学者耿宝昌先生、王莉英女士，学术顾问耿东升、任志录等诸位先生的鼎力相助，以及文物出版社编辑、摄影师等的大力支持，在此一并致谢！

编者

2024 年 8 月